Largo lamento

(Poesías completas, 4)

Biblioteca Salinas

Pedro Salinas
Largo lamento

(Poesías completas, 4)

Prólogo de
Soledad Salinas de Marichal

El libro de bolsillo
Biblioteca de autor
Alianza Editorial

Primera edición en «El libro de bolsillo», 1990
Primera reimpresión en «El libro de bolsillo»: 1998
Primera edición en «Biblioteca de autor»: 2007

Diseño de cubierta: Alianza Editorial
Proyecto de colección: Odile Atthalin y Rafael Celda
Ilustración: Juan Bonafé. *Cuesta del Valle* (fragmento)

Reservados todos los derechos. El contenido de esta obra está protegido por la Ley, que establece penas de prisión y/o multas, además de las correspondientes indemnizaciones por daños y perjuicios, para quienes reprodujeren, plagiaren, distribuyeren o comunicaren públicamente, en todo o en parte, una obra literaria, artística o científica, o su transformación, interpretación o ejecución artística fijada en cualquier tipo de soporte o comunicada a través de cualquier medio, sin la preceptiva autorización.

© Herederos de Pedro Salinas
© Alianza Editorial, S.A., Madrid, 1990, 1998, 2007
  Calle Juan Ignacio Luca de Tena, 15; 28027 Madrid; teléf. 393 88 88
  www.alianzaeditorial.es
  ISBN: 978-84-206-6099-8
  Depósito legal: M. 14.667-2007
  Impreso en EFCA, S. A.
  Parque Industrial "Las Monjas". 28850 Torrejón de Ardoz
  Printed in Spain

SI QUIERE RECIBIR INFORMACIÓN PERIÓDICA SOBRE LAS NOVEDADES DE
ALIANZA EDITORIAL, ENVÍE UN CORREO ELECTRÓNICO A LA DIRECCIÓN:

alianzaeditorial@anaya.es

Prólogo

De 1933 a 1939, es decir, durante seis años, la poesía de Pedro Salinas será, exclusivamente, amorosa, si bien ya en sus tres primeros libros, *Presagios, Seguro azar* y *Fábula y signo* (1924 a 1931), habían hecho breves apariciones graciosas figuras femeninas que planteaban posibles conflictos amorosos entre el cuerpo y el alma. *La voz a ti debida* (1933) irrumpe como el canto de amor, su repentino despertar y alegre triunfo, que fluye a lo largo del libro como un solo poema. En *Razón de amor* (1936) prosigue el mismo canto, pero en forma más pausada, más especulativa. Está presente en este libro el tema de la separación de los amantes, que aparecerá en cada poema de *Largo lamento,* junto con el imperioso deseo de superarla. Y es que, ahora, el poeta se encuentra en una nueva situación (p. 58):

> Has vuelto tu mirar hacia otro rostro

le reprocha a ella. De ahí su queja continuada, su largo lamento.

Resulta inusitada esta específica declaración de Pedro Salinas, tan enemigo hasta ahora de las referencias precisas en su poesía. Recordemos que en *La voz a ti debida* lo primero que hace es borrar los nombres, las señas de identidad de los amantes, de modo que vivan recreados en el «tú» y el «yo». Ahora, su único punto de apoyo en el amor es el recuerdo; cuanto más preciso sea éste, mayor ilusión de poder recobrarlo sentirá el poeta. De ahí que la Amada, en el recuerdo, aparezca ahora vista en imágenes concretas (p. 60):

> Pero tú tienes pies, tienes zapatos
> nuevos, quizá recuerdes
> que los compramos juntos

o (p. 61)

> Tú también tienes manos y conoces
> la medida precisa de tus guantes.

Conocemos su «lápiz de carmín» (p. 134), sus «enguantadas manos» en el pasillo de un tren (p. 136). La recuerda en las tardes del invierno, cuando

> Cantaban los tés de las teteras

y ella le ofrece té, a las cuatro; hasta sabemos que los dos lo toman con rodajas de limón (p. 29). La vemos reclinada en un diván, oyendo la radio, y sabemos que fuma cigarrillos (Abdulla o Phillip Morris), que su pitillera es verde y su encendedor de plata. Y en la muñeca lleva un reloj, regalo de él (pp. 42-43).

Al recordar, recrear estas escenas, Pedro Salinas, sin duda, encuentra fuerzas y esperanzas de que este amor, que parece realidad cotidiana, pueda volver a serlo, en el futuro.

Paralelamente a la pérdida de su amor, Salinas vive, día por día, desde América, el desenvolvimiento de la guerra civil española y la derrota de la República le sume en la desesperación. El fin de la República supone para él la imposibilidad de volver a su país, donde lo ha perdido todo. Y, sobre todo, echa de menos a sus amigos. Se defiende del desánimo escribiendo cartas, y busca en la prosa: cuentos, ensayos, teatro, hasta una novela, nuevas formas de comunicación. Pero ha renunciado a publicar en la España del dictador. Y no siempre le es fácil hacerlo en la América Latina. Así, cuando manda *Largo lamento* a la Editorial Losada (Buenos Aires), la respuesta es que, en lugar de publicarlo como un libro suelto, que es lo que él quiere, prefieren incluirlo al final de su libro *Poesía junta*, que reúne en un solo tomo todos sus libros poéticos anteriores, es decir, los publicados en España entre 1924 y 1936. En vista de que Losada no le publica *Largo lamento* separadamente, Salinas parece perder interés en intentarlo de nuevo. Se diría que se ha olvidado de su existencia.

Pasan los años, y un día, mi marido, Juan Marichal, alarmado por el desorden del despacho de su suegro (que se encuentra en la ciudad de Baltimore, dentro del recinto de la Universidad de John's Hopkins, donde da clase), le propone que le permita ordenarlo él mismo. Acepta Pedro Salinas, encantado, y Juan emprende la tarea. Al ir colocando las cosas en su sitio, da con una caja de cartón en la que encuentra gran número de poemas inéditos. Al enseñárselos a su suegro, éste le dice: «Haga usted lo que quiera con ellos». Juan los guarda (son los poemas que constituirán *Largo lamento*). En 1938, Salinas había publicado en México una *plaquette* titulada *Error de cálculo*, perteneciente a la serie de *Largo lamento*. En 1949, en su libro *Todo más claro y otros poemas,* incluye una serie, «Entretiempo romántico», que parecería salida de *Largo lamento*. Se trata de «Adiós con variaciones», «El cuerpo fabuloso» y «Error de cálculo». Muere Salinas en 1951. Seis años más tarde, a instancias de un editor italiano, que le pide poemas inéditos, Juan le manda varios de *Largo lamento* bajo el título de uno de ellos: *Volverse sombra y otros poemas (All'insigna del pesce d'oro,* Milán, 1957). Y, finalmente, en 1981, se publican los poemas recién citados más todos los restantes de *Largo lamento* como parte de las *Poesías comple-*

tas de Salinas (Barcelona, Seix y Barral). De modo que este libro sale por primera vez a la luz como obra poética independiente, como hubiera querido verla su autor, en esta serie que Alianza Editorial ha tenido el acierto de publicar libro por libro. Cabe añadir que sólo los primeros diez poemas llevaban título puesto por Salinas. Los demás llevan aquí como título el primer verso de cada poema. Y no hay absoluta seguridad de que todos los poemas estén terminados, es decir, de que Salinas los repasara cuidadosamente, puesto que le parecía su publicación dudosa.

El primer libro amoroso de Pedro Salinas se sitúa en un alegre presente. El segundo vive el amor, en gran parte, en ausencia de la Amada. Con su tercero, *Largo lamento,* Salinas se sumerge totalmente en el pasado para tratar de revivirlo en sus versos, buscando el retorno (p. 158)

> de toda la hermosura que ya ha sido
> y que por eso puede ser de nuevo.

El destierro ha situado en Norteamérica a un poeta español, Pedro Salinas. Desde su destierro en el hemisferio sur americano, otro poeta español, su amigo Rafael Alberti, escribe su libro *Retornos de lo vivo lejano* (1948-1956). En él, volviendo la espalda a América, canta a los paraísos perdidos de su niñez y juventud. Y logra encontrarlos por momentos, en versos tan logrados como éstos:

> La felicidad vuelve con el nombre ligero
> de un presuroso y grácil joven alado: Aire.

Largo lamento también canta al retorno, el del amor perdido, que le sume en el mayor desánimo. Su concentración, su ensimismamiento, su dolorido sentir, le aproximan a la actitud de ciertos poetas románticos: así Espronceda, lamentando la pérdida de su amada, muerta, dice en su «Canto a Teresa»:

¡Ah, Teresa! ¡Ay dolor! ¡Lágrimas mías!

Pero sus aspavientos le apartan de otros poetas amorosos: Garcilaso y Salinas: ambos poetas heridos de amor, pero siempre contenidos en la expresión. Al recordar aquel feliz pasado que fue suyo, a Salinas (como a Garcilaso, que es, en gran parte, su modelo) no se le escapa nunca el verso, que fluye, sereno, con dolor callado (p. 45):

> Los dedos reconocen los cabellos
> lentamente, uno a uno, como hojas
> de calendario: son recuerdos
> de otros tantos, también innumerables
> días felices,
> dóciles al amor que los revive.

Y, cuando para describir el dolor que ella le ha causado, dice que (ella) le ha abierto las venas, este acto sangriento se expresa sin el menor sentido trágico. Él ha visto a su propia sangre, dice (p. 57),

> cuando un día le abriste tú las venas
> escapar dulcemente.

Avanza lentamente, tristemente la voz de Salinas, creando remansos de versos agrupados en estrofas, preferentemente irregulares pero perfectamente reconocibles, en las que abundan las repeticiones, a veces de versos enteros iniciales (como ocurre en el primer poema) de cada estrofa. Otras veces, con un cambio de palabras en el verso inicial de cada estrofa (pp. 70-71):

> Qué olvidadas están ya las sortijas
> ... Qué olvidadas se sienten las palabras
> ... Qué olvidadas se sienten
> las distancias...

y así sucesivamente.

Un nuevo paisaje, un paisaje de la urbe americana, aparece en este libro por primera vez en la poesía de Salinas. Es el de Nueva York y sus rascacielos de noche. En breves estampas, que rememoran encuentros con su Amada en esta ciudad, vemos aparecer sus luces, sus rascacielos, tan queridos, que él transforma, vivificándolos (p. 159):

> Una nube color de rosa,
> una noche de primavera,
> en el cielo de Nueva York.
>
> ... dos ojos y cien rascacielos
> la miran con adoración.

Los rascacielos de Manhattan convienen particularmente a la poesía de Salinas, que los canta en breves apariciones (p. 103):

> La noche, sus praderas,
> el rebaño de mansos rascacielos
> pastando estrellas con el cuello erguido.

Esta imagen, llena de reminiscencias gongorinas y unamunianas, casa muy bien con los modernísimos y utilitarios edificios de Nueva York. En un cruce de imágenes, crea a las nuevas criaturas que son ahora, para él, los rascacielos, vistiéndolos (p. 68)

> con túnicas a cuadros,
> de luz y sombra, por la noche, coro
> de lánguidos y esbeltos Arlequines
> en el aire ambicioso de Manhattan.

A los *Arlequines de Manhattan* los ha visto, sin duda, en el Museo de Arte Moderno de Nueva York, donde está el cuadro de Picasso, muy admirado por Salinas, *Los arlequines*.

(Salinas fue toda su vida aficionado a la pintura y frecuentador de museos.) Vemos, en estas breves estampas de ciudad nocturna, que sus líricos edificios, los rascacielos, constituyen el paisaje urbano más original de *Largo lamento*.

Pero en medio de este entusiasmo arquitectónico, el poeta recuerda que la verdadera ciudad (p. 159)

> es la ciudad para los dos,
> con todas las puertas abiertas.

Al olvidarle Ella, las puertas se han cerrado, y la ciudad pierde su encanto. Ahora, él se dirige a Ella con reproches: los primeros y únicos que aparecen en su obra poética. Suelen apoyarse en escenas del pasado feliz. Por ejemplo: no quisiera salir nunca, dice, del olvidado espejo en que un día se miraban (p. 73):

> Tú te marchaste de él: era mi vida.

Y ahora en él sólo ve su vacío, poblado de fantasmas. Mientras que Ella, antes de ir a algún baile, se mirará al espejo (p. 73)

> con los ojos que un día prometieron
> que sólo te verías en los míos.

A veces, la que él considera dureza de Ella para con él, le lleva a transformarla en objeto inanimado. Así sucede en el poema «De marfil o de cuerpo», en que ella es un abanico cerrado, metido en su estuche (p. 74):

> ¿Por qué te has convertido
> en abanico antiguo?

le pregunta, y en un perfecto equilibrio de contrarios:

marfil	cuerpo
abanico	mujer
estuche	tumba
cerrado	abierto
tela	carne

compara, tierna, graciosamente, el abanico antiguo con la Amada actual, cerrada al amor, voluntariamente metida en su estuche: su tumba. Hace un intento de volverla a la vida, de abrir el abanico (p. 76):

> Muy despacio mi mano
> mueve
> tu materia dulcísima
> de marfil o de cuerpo

pero al sentir que cruje (que se queja, quizás: tiembla la tela del abanico, que es su carne), la vuelve a meter en el estuche, que es su féretro. De modo que la tragedia se resuelve en un abrir y cerrar de abanico, reminiscente del mundo alado de Bécquer.

Pero los reproches no siempre son tan tiernos. Hay en muchos de ellos ironía y una amargura apenas velada. Así el primer poema, cuyos primeros versos se repiten en cada estrofa (p. 27),

> Nunca agradeceremos
> bastante a tu belleza.

Se diría un poema laudatorio a la Amada. Pero ya el título nos sugiere algo más, que se confirma, cuando describe la acción del pie sobre la arena (p. 28)

> blanda como el cadáver
> fatal de las promesas,

o cuando el pie pisa más fatalmente aún

> en el pecho de un hombre,
> sabiendo que lo ahoga.

Indirectamente, está acusando a la Amada de haberle hecho daño. Y el final del poema traduce la confusión que Ella ha creado al querer deshacer la pareja, la de ellos dos, dejándole sumido en el dolor que separa, para siempre, a dos personas. Liberados, disociados del amor, podrán los dos andar tranquilos por la calle y, viéndose en los escaparates, querer comprarse el uno al otro, como si fueran artículos de lujo. Y el dependiente replicará (p. 32):

> «Aquí vendemos sólo catecismos y radios».

Ellos compran lo que se les ofrece. El catecismo dice (p. 32):

> «Mundo, demonio, carne... Fe, esperanza...»

El catecismo lo resume todo, con sus viejas palabras. La confusión total, creada por la separación que ella le impone, nos deja sumidos en el desconcierto. Este poema y el segundo, «La falsa compañera», expresan quizá más que los siguientes del libro el nuevo estado de ánimo del poeta, que, ensimismado en su amor no correspondido, ve en todo lo que le rodea un reflejo de su Amada y de su deserción. Él está contemplando la belleza de un paisaje, en la tarde. De pronto, la tarde y su belleza le abandonan (lo mismo que hizo ella), al desaparecer en la noche. La tarde (p. 33)

> que parecía casi
> tan tierna como un pecho

y cuyas ramas eran como brazos (p. 34)

> que a mi dolor se abrían

es el reflejo de Ella, la Amada, cuyo abandono se refleja también en el cielo, que se marcha «gozoso» a alguna cita con otro cielo, dejándole completamente solo. Por eso, al final del poema (p. 36)

> El aire parecía
> un inmenso abandono.

La acusación más dolorosa que dirige a la Amada la hace responsable de la muerte del sueño, de su sueño de amor que ahora es (p. 58)

> el cadáver de un sueño

y aclara (p. 58):

> el cadáver de un sueño es carne viva,
> es un hombre de pie, que tuvo un sueño,
> y alguien se lo mató...

Al duro reproche sigue, al final del poema, otro, teñido en sangre: Ella le enseñó el color de la sangre de un sueño, cuando al abrirle las venas, la sangre escapó «dulcemente», sin prisa. Con la palabra «dulcemente» Salinas mitiga el dolor por Ella causado. Aquí la situación es totalmente contraria a la expresada en *La voz a ti debida,* en que el amor feliz lleva a la pareja a un movimiento ascensional. En *Largo lamento,* el peso del amor traicionado, la soledad, llevan forzosamente al poema en dirección contraria: hacia abajo, en busca de la muerte (p. 57).

> Poco a poco se muere

poco a poco muere su cuerpo dolorido. Y sin embargo, frecuentemente, al final de un poema tristísimo, Salinas logra iniciar un retorno hacia arriba. El poema que venimos viendo, «Muerte del sueño», acaba con esta declaración esperanzada (p. 58):

> Por ti sabré, quizá, cómo viviendo
> se resucita aún, entre los muertos.

El poeta, que ahora no es más que un cuerpo hipotético, busca compañía en el caer de la tarde que, al llegar la noche, le devuelve su soledad. Y él empieza entonces la vuelta hacia su alma (p. 35-36).

En uno de los poemas más largos de este libro, «Volverse sombra», el poeta y la nieve encuentran una salida. A Salinas le rodea un paisaje nevado que le acompaña, ahora (el paisaje del invierno americano). Y la nieve le aconseja una solución: volverse sombra. Porque la sombra (p. 52)

> ... no hace nunca daño.

Y no lo hace porque no tiene cuerpo. El cuerpo sí hace daño, en el amor. Y ahora se acusa él de haberle hecho daño a Ella. En la nieve se deshace el cuerpo suicida y, en un movimiento paralelo, la nieve se derrite, y, antes de morir, repite su consejo: volverse sombra, reducirse a ser un reflejo del cuerpo humano, trémulo, tierno: la negación de la materia.

En este mundo poblado de sombras y sueño, se nos habla del cadáver de un sueño, de la muerte de los sueños. En su estado inmaterial, el mundo está muy débil. Peligra por su gran fragilidad. Por eso advierte el poeta (p. 63):

> Hay que tener cuidado.

Hay que moverse despacio ante él sin hacer ruido; para salvarle es necesaria (pp. 67)

> una trémula espera,
> un respirar secreto,
> una fe sin señales.

Hay aquí un repliegue sobre sí mismo, una mayor inmaterialidad en el amor, cada vez más evanescente; es lógico que este amor concentre su atención en la mirada y se contente con recibirla un instante (p. 67):

> Que apenas la mirada,
> ... se quede conservándole
> al amor su futuro.

En cuanto a él, sus ojos quisieran llorar. La pena de estos ojos de hombre se manifiesta en uno de los poemas más conmovedores del libro, en que él viaja en tren, mientras llueve, y siente (p. 160)

> un ansia de llorar,

pero al ver las gotas de lluvia que se deslizan por el cristal de las ventanillas, se le paran las lágrimas, que temblaban al borde de sus ojos. Porque en las gotas de la lluvia está (p. 160)

> sin que lo vea nadie
> llorando un alma humana.

Aquí vemos la contención, el pudor que tantas veces refrena la pasión saliniana.

En otro poema, Salinas quiere parar la lluvia, por su semejanza con las lágrimas. Dice (pp. 64):

> Hay que parar las gotas
> de la lluvia...
> ... Sí, detener las lágrimas.

Y de nuevo asocia lágrimas y lluvia al decir cómo llora él, por estar solo (p. 115),

> con lágrimas prestadas
> y vendederas, lluvia por la frente.

Poco a poco, Pedro Salinas va encontrando un camino hacia la salvación. Consiste en darle la espalda a la materia (puesto que la Amada se la ha dado a él). El poema «Eterna presencia» da fe de esta nueva actitud. Antes, el poeta buscaba a la Amada toda (p. 36):

> Te quería entera.

Ahora lo que le pide es mucho más, y sin duda mucho más difícil (p. 36):

> es que estés más cerca
> de mí mismo, dentro

que seas (p. 37):

> alma de mi ánima,
> sangre de mi sangre
> dentro de las venas.

«Inventemos nuestro espacio» (p. 122), dice Salinas. Su cielo se encaminará, a partir de ahora (p. 122),

> sin brújulas razonables,
> oscuramente, hacia dentro.

Tan dentro, que se sienta en él como su propio corazón, en esqueleto. Para que así la ausencia corporal presente (y sin duda futura) se pueda vivir como posesión total, como la manera de vencer todo lo que falta por fuera. Claro está, este «adentramiento» del amor no pasa de ser un proyecto poético, comparable (y contrastable) con algunos de *La voz a ti debida* o *Razón de amor*. Porque, en palabras de *La voz a ti debida**, para querer

> hay que embarcarse en todos
> los proyectos que pasan,
> sin preguntarles nada,
> llenos, llenos de fe
> en la equivocación
> de ayer, de hoy, de mañana.

En *La voz a ti debida*, uno de los proyectos amorosos será el de «vivir en los pronombres» tras haberse despojado los dos de ropas, señas de identidad, en el anonimato que da el desnudo. En *Razón de amor*, la pareja, perdido el paraíso, lo busca en la destrucción del mundo, que corre a cargo de ella. Y al día siguiente, la vida estará rasa, desnuda, como los cuerpos de los amantes en el poema de *La voz a ti debida* (ed. cit., p. 30),

> Tengo que vivirlo dentro

dice ya el poeta en su primer libro amoroso. Y es en el poema que comienza ¡Cuánto nos falta por fuera! en *Largo lamento* donde vive (o sueña) con una posible interiorización del amor fisiológicamente imposible, pero que cobra cuerpo en imágenes expresivas de amor: «sangre de mi sangre» es una de ellas (propia del cante flamenco).

La transición carne, alma, sangre, esqueleto, acaba con «el tierno cuerpo rosado» que era la Amada en *La voz a ti debida*. Y se produce esta transición a través de las sombras, que es-

---

* *La voz a ti debida*, publicada en esta Biblioteca de autor: Alianza Editorial, Madrid, 2003, p. 51.

tán más allá de la carne. Porque el amor, ahora, no puede ofrecer más que algo (p. 50)

> como una oscuridad al principio y exige
> cerrar el paso a tantas luces fáciles
> para encontrar la suya, en las entrañas.

El desánimo del poeta le hace buscar la oscuridad en la tarde, en la sombra, y ahora, dentro de sí mismo. Señalemos que el poeta sufre mucho, pero no se deja llevar por el desánimo: le vemos buscando siempre salidas, posibles felicidades, en los poemas, aunque sólo sean recordadas.

Ahora, en su movimiento hacia dentro, nos recuerda a su venerado amigo Miguel de Unamuno. Y es que la poesía de Unamuno, tanto como la de Salinas, parece sostenerse en un equilibrio inestable: el de la carne siempre en pugna con el alma. La búsqueda de Unamuno es más teológica que la de Salinas. Pero éste en su poesía adopta palabras, imágenes y actitudes unamunianas: la sangre, las entrañas, el hueso. El rebaño paciendo, de noche, en la meseta castellana, se convierte en el poema de Salinas en el rebaño de rascacielos, que pastan estrellas. Y las preguntas que se le vienen a la mente a Salinas, al acariciar el cabello de la Amada, ¿no son eco de las innumerables que se hace Unamuno, tanto en verso como en prosa, a través de toda su obra? Basta con recordar su maravilloso «Aldebarán», todo él hecho de preguntas.

Una sola vez aparece en este libro la imagen de la Amada como la aterradora fuerza y beldad que nos era familiar en la lectura de *La voz a ti debida* y *Razón de amor*; ahora, en *Largo lamento*, surge descrita en términos muy similares a los empleados en los dos libros anteriores (p. 65):

> Esa que es grito y salto,
> profesora de excesos,
> modelo de arrebatos,

> desatada bacante
> que lleva el pelo suelto

y cuyo abrazo delirante hace crujir el esqueleto. Y es que el poeta, a pesar del desamor de Ella (que él le reprocha repetidamente), no ha dejado de quererla. Por eso le vuelven las antiguas imágenes de días lejanos. Él sigue entregado a Ella. Su vida está en sus manos. Tiene Ella las flechas con que matarle, porque él morirá en el momento en que Ella le haya matado en su alma (p. 155). Su Amada sigue siendo todopoderosa, porque, haga lo que haga, él sigue creyendo en Ella, como razón de su vida (p. 99).

Aunque la progresión hacia la esperanza que se da en este libro es discontinua, llena de retrocesos desilusionados, es claro que aumenta al final del libro, cuando él le concede a Ella su libertad a cambio de que no le olvide (p. 154):

> Y el recuerdo de ese nudo,
> ... ha de durar, sin atarnos.

Hemos asistido en *Largo lamento* a la desilusión de un hombre enamorado, a su tristeza, soledad, desánimo y casi muerte (poética al menos) y hemos visto con sorpresa que, a lo largo del libro, fluye una corriente en sentido contrario: la de la fe en el amor, el mismo que le ha traicionado. De ahí que, en un mismo poema, la acuse de haberle convertido en «el cadáver de un sueño» voluntariamente: «porque lo quisiste». Mientras que en los dos últimos versos del mismo poema declara que por Ella le será dado resucitar.

Es decir, que Ella le ha empujado a la más desolada desesperación, y nadie sino Ella podrá sacarle de ese estado. El amor idealizante, a lo Garcilaso, no ha desaparecido en este libro. Las huellas de la que fue diosa (Venus cierta) en *La voz a ti debida* no se han borrado aún. Porque (p. 57)

> las huellas de los dioses no se borran.

Para resumir: está claro que el lamento (el *largo* lamento) predomina en este libro. El que lleva a un dolor tenebroso, solitario, que apunta hacia la muerte. Pero con este lamentar, que no siempre es dulce, convive la ilusión, la capacidad de soñar. En el último poema, el poeta sueña ya con libertad plena, independiente de las circunstancias de su vida. Sueña con sueño razonador y poderoso (p. 161):

> ... Soñar
> es el modo que el alma
> tiene para que nunca se le escape
> lo que se escaparía si dejamos
> de soñar que es verdad lo que no existe.

Al establecer en el verso (a la manera de Unamuno) el poder creador, vivificador del sueño, puede hacernos deducir que (p. 161):

> Sólo muere
> un amor que ha dejado de soñarse.

Es decir, un amor que está a ras de tierra. Y ahora que parece haber encontrado la fórmula para mantener vivo su amor, se termina el libro.

Durante tres años, los versos de Salinas han sido todos puentes tendidos hacia su Amada. Para llegar a la conclusión calderoniana en *La vida es sueño:* «¡Soñemos, alma, soñemos!». Porque en el sueño se salvarán amor y poesía. Y con este libro se cierra la trilogía amorosa que ocupa sus poemas todos durante seis años de su vida.

Soledad Salinas de Marichal

Largo lamento
(1936-1939)

Pareja, espectro

Nunca agradeceremos
bastante a tu belleza
el habernos salvado
otra vez del diluvio:
cuando el agua subía
en el hervor terrible
de la primera cólera del mundo,
y tú en tu mano abierta
nos pusiste a los dos,
a ti y a mí, y alzándola
hasta cerca del cielo,
donde nunca ha llovido,
escapamos en ella
del amargo torrente
de cristal y pecados
en que tantos hermanos nuestros perecieron.

Nunca agradeceremos
bastante a tu belleza
un acto incomparable:
poder pisar la nieve.
Yo miraba asombrado
la blancura hecha mundo,
al despertar un día.
¿Quién, quién iba a atreverse
a pisar sobre ella
sin tener esas alas
con que nada se pisa?
Me cogiste la mano,
subimos a los últimos
pisos del arrebato.
Al volver cuatro huellas
sobre lo blanco hay.
¿Las nuestras? Imposible,
no anduvimos. Sí, nuestras.
Poner allí la planta,
es nuevo, nuevo, nuevo.
En nada se parece
a ponerla en la arena,
blanda como el cadáver
fatal de las promesas.
Ni a ponerla, lo mismo
que la pone el amor,
–inevitablemente,
porque su suelo es ése–,
en el pecho de un hombre,
sabiendo que lo ahoga.
Es igual que ir pisando
por el suelo del aire.

Y se sienten crujidos
tan dulces como en besos,
o en las sedas antiguas,
o en la fresa
que se deshace románticamente en la boca,
hacia el seis o el siete de mayo.

Nunca agradeceremos
bastante a tu belleza
el ofrecerme té a las cuatro, presentándome
a aquella dama interesante
que estaba retratada en un Museo
por un pintor abstracto,
y que me confesó
inclinando los ojos a la alfombra
persa del XVIII,
que nuestras almas iban
a entenderse muy pronto
y sin error alguno, gracias a...
(No me acuerdo de qué. ¿Gracias a qué, sería...?)
Teníamos los dos
rodajas de limón en el té. Y fue por eso
por lo que hablamos de los círculos dantescos,
escapando a la pena
de ser tan actuales
que la tarde de otoño y los relojes
destilaban desde los cielos y pulseras.

Nunca agradeceremos
bastante a tu belleza
el haber libertado a Dafne,
después de tantos siglos de ser verde,

para suplir la falta de los pájaros.
(Habían huido todos al fondo de tus ojos
dejando al mundo
sin otro aletear que tus miradas.)
Y como siempre necesita el aire
tener algo que vuele por sus ámbitos
tú, comprendiendo el parecido
entre alas y follaje,
volar hiciste todas las hojas, por parejas,
igual que pájaros sin cuerpo, repoblando
los aires de averío;
y sin perder las alas trémulas en tus ojos
diste al viento el temblor que necesita.
Por lo cual ese año
las hojas no pasaron de lo verde.
Ni hubo una sola que cayera al suelo,
a mendigar melancolías.
Y nadie se dio cuenta del otoño.

Nunca agradeceremos
bastante a tu belleza
la rotura de los termómetros
cuando el azogue se volvió tan loco
allí en sus venas transparentes
que el corazón del mundo, su calor
se podía romper de latir tanto.
Tú me enseñaste con paciencia inmensa
a contar hasta el fin, del dos al tres,
del tres al cuatro, aquella tarde triste
cuando ya no teníamos qué decirnos y tú
empezando a contar correlativamente,
uno, dos, tres, cuatro, cinco...

descubriste los términos
de todo lo numérico,
el vacío del número. Y entonces
se abolió el gran dolor, la eterna duda
de saber si es que somos dos o uno;
uno queriendo ser dos, o lo contrario, dos,
que atraviesan por pruebas
arduas, como quererse o enlazarse,
en busca de ser uno, sólo uno.
Fácilmente comprendes la importancia
de haber traspuesto el numeral tormento
perdiéndonos, del todo y para siempre,
en esa selva virgen tan hermosa:
la imposibilidad de distinguirse.
En la cual no penetra nunca
ese rayo del «tú» y del «yo»,
del «me quieres» y del «te quiero»;
todo el dolor de la primera y la segunda
persona, que separa
a dos personas para siempre
en las gramáticas y el mundo.

Y, sobre todo, nunca,
nunca agradeceremos
bastante a tu belleza
el habernos librado
de tu misma belleza, del terrible
influjo que podía haber tenido
sobre la calma de los mares, sobre Troya,
y sobre algunos pasos míos en la tierra.
Por eso ahora podemos
andar despacio por las calles

por donde todo el mundo corre,
sin que nadie se fije en que existimos.
Y al vernos, al pasar, en los cristales
de los escaparates, dos imágenes
tan parecidas a lo que querríamos
ser nosotros, sentir que nos gustamos,
así, cual dos artículos de lujo,
que se pueden comprar.
Y entrar en esa tienda
diciendo al dependiente en voz muy baja,
igual que a un confesor: «Queremos esa
mujer, y el hombre ese
que están ahí, en el escaparate».
Y cuando nos responda atentamente:
«Aquí vendemos sólo catecismos y radios»,
comprender, sonriendo, nuestro error
comprar un aparato de ocho lámparas,
un catecismo, e irnos en seguida
a casa, –si no se nos olvida dónde estaba–,
a buscar, hacia atrás, desde el jardín primero,
por la radio del tiempo
otros dúos de sombras:
de aquellos que empezaron nuestro canto.
Y si aún se rezagara alguna duda
en tu alma o en la mía,
el catecismo lo contesta todo,
con palabras más viejas que monedas,
que tú me lees, sin mover los labios:
«Mundo, demonio, carne... Fe, esperanza...».
Y pasamos la noche,
tranquilos, distraídos
de tu inmensa belleza.

Como si tú no la llevaras
encima, fatalmente, sin descanso.
Como si no estuvieran esperándola
las blancas superficies de una cama,
o las almas –más blancas–, de unos ángeles
donde sueles dormir algunas veces,
mientras que yo te miro, despierto, desde el mundo.

La falsa compañera

Yo estaba descansando
de grandes soledades
en una tarde dulce
que parecía casi
tan tierna como un pecho.
Sobre mí, ¡qué cariño
vertían, entendiéndolo
todo, las mansas sombras
los rebrillos del agua,
los trinos, en lo alto!
¡Y de pronto la tarde
se acordó de sí misma
y me quitó su amparo!
¡Qué vuelta dio hacia ella!
¡Qué extática, mirándose
en su propia belleza,
se desprendió de aquel
pobre contacto humano,
que era yo, y me dejó,
también ella, olvidado!

El cielo se marchó
gozoso, a grandes saltos
–azules, grises, rosas–,
a alguna misteriosa
cita con otro cielo
en la que le esperaba
algo más que la pena
de estos ojos de hombre
que le estaban mirando.
Se escapó tan de prisa
que un momento después
ya ni siquiera pude
tocarlo con la mano.
Los árboles llamaron
su alegría hacia adentro;
no pude confundir
a sus ramas con brazos
que a mi dolor se abrían.
Toda su vida fue
a hundirse en las raíces:
egoísmo del árbol.
La lámina del lago,
negándome mi estampa,
me dejó abandonado
a este cuerpo hipotético,
sin la gran fe de vida
que da el agua serena
al que no está seguro
de si vive y la mira.
Todo se fue. Los píos
más claros de los pájaros

ya no los comprendía.
Inteligibles eran
para otras aves; ya
sin cifra para el alma.
Yo estaba solo, solo.
Solo con mi silencio;
solo, si lo rompía,
también, con mis palabras.
Todo era ajeno, todo
se marchaba a un quehacer
incógnito y remoto,
en la tierra profunda,
en los cielos lejanos.
Implacable, la tarde
me estaba devolviendo
lo que fingió quitarme
antes: mi soledad.
Y entre reflejos, vientos,
cánticos y arreboles,
se marchó hacia sus fiestas
trascelestes, divinas,
salvada ya de aquella
tentación de un instante
de compartir la pena
que un mortal le llevaba.
Aún volvió la cabeza;
y me dijo, al marcharse
que yo era sólo un hombre,
que buscara a los míos.
Y empecé, cuesta arriba,
despacio, mi retorno

al triste techo oscuro
de mí mismo: a mi alma.
El aire parecía
un inmenso abandono.

Eterna presencia

No importa que no te tenga,
no importa que no te vea.
Antes te abrazaba,
antes te miraba,
te buscaba toda,
te quería entera.
Hoy ya no les pido,
ni a manos ni a ojos,
las últimas pruebas.
Estar a mi lado
te pedía antes;
sí, junto a mí, sí,
sí, pero allí fuera.
Y me contentaba
sentir que tus manos,
me daban tus manos,
sentir que a mis ojos
les dabas presencia.
Lo que ahora te pido
es más, mucho más,
que beso o mirada:
es que estés más cerca
de mí mismo, dentro.

Como el viento está
invisible, dando
su vida a la vela.
Como está la luz
quieta, fija, inmóvil,
sirviendo de centro
que nunca vacila
al trémulo cuerpo
de llama que tiembla.
Como está la estrella,
presente y segura,
sin voz y sin tacto,
en el pecho abierto,
sereno, del lago.
Lo que yo te pido
es sólo que seas
alma de mi ánima,
sangre de mi sangre
dentro de las venas.
Es que estés en mí
como el corazón
mío que jamás
veré, tocaré,
y cuyos latidos
no se cansan nunca
de darme mi vida
hasta que me muera.
Como el esqueleto,
el secreto hondo
de mi ser, que sólo
me verá la tierra,
pero que en el mundo

es el que se encarga
de llevar mi peso
de carne y de sueño,
de gozo y de pena
misteriosamente
sin que haya unos ojos
que jamás le vean.
Lo que yo te pido
es que la corpórea
pasajera ausencia
no nos sea olvido,
ni fuga, ni falta:
sino que me sea
posesión total
del alma lejana,
eterna presencia.

Los puentes

¿Qué habría sido de nosotros, di,
si no existieran puentes?
Pero hay puentes, hay puentes. ¿Los recuerdas?

Nada mejor que pasar las noches
sin algas, en que enero
escribe cartas a la primavera
con níveos alfabetos sobre el mundo,
que abrirse la memoria, el viejo álbum
que lleva en casa varios años
puesto sobre la mesa de la sala
para que se entretengan las visitas.

Voy a abrirlo.
Y como estás dormida y estás lejos
lo podremos mirar sin esa prisa
que tiembla en tu mirada cuando vienes.
Lo podremos mirar, sí, con los ojos
que tú te quitas siempre y que me entregas,
cuando vas a dormir, como sortijas,
para que yo los guarde y no esté ciego.
(Tus ojos son más míos cuando duermes
porque miran a nada o a los sueños,
y yo soy ese sueño, o nada, tuyo.)
Y hoja por hoja,
sin miedo a que se escape tu mirada
con algún dios que cruza por la esquina,
iremos, yo, tus ojos y yo, mientras descansas,
bajo los tersos párpados vacíos,
a cazar puentes, puentes como liebres,
por los campos del tiempo que vivimos.
No puede haber un puente
tan breve como éste,
que es el primero que encontramos: tú.
¿Recuerdas cuántas veces
lo hemos cruzado?
Por lejos que se esté si digo: «tú»,
si dices: «tú», se pasa invariablemente,
de mí a ti, de ti a mí.
Se pasa
sin sentirlo las alas,
y de pronto me encuentro
en el lugar más bello de tu orilla
a la sombra que me hace siempre el alma
cuyo tierno ramaje inmarcesible

son tus miradas, cuando a mí me miran.
Millones de palabras nos apartan,
nombres propios o verbos,
y hablar de lo demás es siempre un río
que aumenta las distancias de este mundo,
hasta que sin querer se dice: «tú».
«Tú», la palabra sola
por donde un gran amor puede pasar
a las islas felices,
seguro, con su séquito
de caballos alegres y corales.
En el álbum conservo
por si un día te mueres y lo olvidas,
en la página ciento veintidós
y nítida, la estampa
del primer puente o «tú» que nos dijimos.

Sigamos, sí, pasando hojas. Mira:
éste es un puente largo, es de cristales;
se labra, sobre todo, por las noches.
Hay lágrimas que no se pierden nunca
mejilla abajo, en los pañuelos
con que inocentemente pretendemos
cortarles su querencia. Su querencia
se cumple: lo que quieren es unir.
Y nunca que se llora se está lejos.
O tu llanto o mi llanto
sobre las soledades se han tendido
uniendo las distancias
que abren la lógica y las risas
tan peligrosamente
que de no haber sabido llorar bien

junto a helechos minúsculos,
ahora tú y yo estaríamos
separados contentos, y mirándonos
en esas sensateces como espejos,
cuadradas y evidentes, que intentamos
entregarnos un día, al despedirnos.
Lo que nunca he podido averiguar
aunque he hecho muchos cálculos en láminas
de lagos, con las plumas de los cisnes
es el número
necesario de lágrimas
para poder pasar sin miedo alguno
donde queremos ir. Acaso baste
como bastó una tarde de noviembre,
que está en el álbum, poco más allá,
con que tus ojos tiemblen,
tiemblen, humedecidos, sin llorar.

Permíteme también que te recuerde
tu verde pitillera,
sus cigarrillos y la breve máquina
de plata en que trasmite
después de tantos siglos afanosos
su ambiciosa tarea Prometeo
a unos esbeltos dedos de mujer.
Quizá no sepas, joven todavía,
que el humo lleva siempre a alguna parte
donde se quiere estar
si se le pisa con los pies debidos.
Y que tú, a veces, cuando en los divanes
con que la tarde amuebla las ausencias,
tan sin bulto te tiendes como luz,

y das principio a un humo con tus labios,
te has quedado de pronto tan vacía
ya tan fuera de ti, que es necesario
suponer la existencia de algún puente
gris, azul, pero siempre caprichoso
por donde te encaminas hacia mí.
Por eso luego están los ceniceros
llenos de ruinas, como el recordar.
Y ya no quiero
cansarte más, el álbum
suele cansar. Te enseñaré, lo último,
la esfera de un reló, toda ella puentes.
Como pasamos juntos
un día entero sin pecado alguno,
ningún minuto nos separa ya.
Escoge, busca, entre las veinticuatro
crueles separadoras de los hombres,
una que no nos haya unido, una.
Busca
en las horas de invierno
cuando a las cuatro era de noche
y cantaban los tés en las teteras:
verás un puente, allí.
Busca en las horas de las vacaciones,
las matinales, en las cándidas auroras
que de puro blancor avergonzaron
a las tristes censuras de la noche
apagando su voz. Y nos encontrarás.
Escruta los rincones
más raros, en el tiempo;
las tres y cinco de la madrugada,
cuando se paran todos los rencores

ante dos cuerpos que enlazados duermen;
las doce, tan redondas, del estío,
las seis y veinte, la una y treinta y dos:
todas han sido puentes y conservan
las huellas que imprimimos, su gran honra.
Si por unas pasaste
toda hacia mí en los labios
sacrificándome tu cuerpo
para que se lograra lo inmortal,
por otras has cruzado,
sin sentirlo tú misma, cuando yo
velaba tu misterio adormecido.
Todas las horas fueron y vinieron
de ti a mí, de mí a ti.
Y cuando vayas por el mundo sola
y veas los relojes de estaciones
donde tanto se cuenta ir y venir,
o cuando tu muñeca se desciña
el recuerdo mejor que yo te di,
comprenderás que por cualquiera hora
podemos encontrar lo que buscábamos:
el amor y las horas por venir.

No hay más estampas.
Cerremos la memoria.
Y cuando te despierte
y yo vuelva a colocar los ojos
allí, donde ellos me enseñaron a mirar,
te hablaré en voz muy baja de otro puente,
por si acaso tú quieres.
Porque queda otro y otro y otro, aún.

La memoria en las manos

Hoy son las manos la memoria.
El alma no se acuerda, está dolida
de tanto recordar. Pero en las manos
queda el recuerdo de lo que han tenido.

Recuerdo de una piedra
que hubo junto a un arroyo
y que cogimos distraídamente
sin darnos cuenta de nuestra ventura.
Pero su peso áspero,
sentir nos hace que por fin cogimos
el fruto más hermoso de los tiempos.
A tiempo sabe
el peso de una piedra entre las manos.
En una piedra está
la paciencia del mundo, madurada despacio.
Incalculable suma
de días y de noches, sol y agua
la que costó esta forma torpe y dura
que acariciar no sabe y acompaña
tan sólo con su peso, oscuramente.
Se estuvo siempre quieta,
sin buscar, encerrada,
en una voluntad densa y constante
de no volar como la mariposa,
de no ser bella, como el lirio,
para salvar de envidias su pureza.
¡Cuántos esbeltos lirios, cuántas gráciles
libélulas se han muerto, allí, a su lado
por correr tanto hacia la primavera!

Ella supo esperar sin pedir nada
más que la eternidad de su ser puro.
Por renunciar al pétalo, y al vuelo,
está viva y me enseña
que un amor debe estarse quizá quieto, muy quieto,
soltar las falsas alas de la prisa,
y derrotar así su propia muerte.

También recuerdan ellas, mis manos,
haber tenido una cabeza amada entre sus palmas.
Nada más misterioso en este mundo.
Los dedos reconocen los cabellos
lentamente, uno a uno, como hojas
de calendario: son recuerdos
de otros tantos, también innumerables
días felices,
dóciles al amor que los revive.
Pero al palpar la forma inexorable
que detrás de la carne nos resiste
las palmas ya se quedan ciegas.
No son caricias, no, lo que repiten
pasando y repasando sobre el hueso:
son preguntas sin fin, son infinitas
angustias hechas tactos ardorosos.
Y nada les contesta: una sospecha
de que todo se escapa y se nos huye
cuando entre nuestras manos lo oprimimos
nos sube del calor de aquella frente.
La cabeza se entrega. ¿Es la entrega absoluta?
El peso en nuestras manos lo insinúa,
los dedos se lo creen,
y quieren convencerse: palpan, palpan.

Pero una voz oscura tras la frente,
—¿nuestra frente o la suya?—
nos dice que el misterio más lejano,
porque está allí tan cerca, no se toca
con la carne mortal con que buscamos
allí, en la punta de los dedos,
la presencia invisible.
Teniendo una cabeza así cogida
nada se sabe, nada,
sino que está el futuro decidiendo
o nuestra vida o nuestra muerte,
tras esas pobres manos engañadas
por la hermosura de lo que sostienen.
Entre unas manos ciegas
que no pueden saber. Cuya fe única
está en ser buenas, en hacer caricias
sin cansarse, por ver si así se ganan
cuando ya la cabeza amada vuelva
a vivir otra vez sobre sus hombros,
y parezca que nada les queda entre las palmas,
el triunfo de no estar nunca vacías.

Volverse sombra

Estoy triste esta noche
porque soy lo que soy, como los árboles
que esclavizados a su tronco sufren
tanto a los lados de las carreteras
por esas pobres vidas
que podrían matar, si hay algún choque.
Estoy tan triste porque soy un hombre,

porque el hombre hace daño,
hace daño, hace daño.
Y eso sólo se sabe
en las noches de enero como ésta,
en que la nieve quita
todas sus ilusiones al futuro,
y el mundo ya sin labios
parece todo blanco, una conciencia,
que grita fríamente esa luz cruda
que nos callamos tantos años
con la complicidad de muchos besos.

Un pájaro enjaulado me lo dijo:
el daño que hace el hombre a tantos pájaros
porque su canto es dulce
se llama jaula.

Una lámina triste de agua inmóvil
me lo dijo:
el daño que hace el hombre al agua,
orgía de sí misma, bailarina de oficio,
es pararla.

Entre cuatro paredes
le corta su destino y por las tardes
acude a los jardines
a hablar con sus amigas
de tanta pobre muerta allí extendida
con los ojos abiertos: los estanques.

Y el daño que hace el hombre
a los seres más tiernos

que nos arrancan siempre lágrimas
porque los vemos,
tan sólo con mirarlos a los ojos
—igual que a las gacelas y a las diosas—
a ellos y a su destino al mismo tiempo
está en enamorarse. Se llama amor.

Como la nieve es el confesionario
en donde la blancura,
esa indulgencia triste nos escucha
la noche entera, voy a confesarme:
nunca le robé al aire
un vuelo, ni su cántico;
no he hecho daño a las aves.
Nunca metí una mano en un arroyo
por no romperle su querencia al agua.
Pero a ti te he hecho daño, te he querido.
Tu hermosura empezó, yo hice lo otro:
el gran daño de amarte
que tú constantemente me perdonas.

Yo te he hecho daño. Tengo manos, míralas.
Cuando se quiere con los brazos,
sus músculos fatales,
con las manos, y sus dedos duros y sus uñas,
las estrellas más cándidas se asustan:
ya no hay jazmín seguro en los jardines,
ni seno a salvo en pecho de doncella.
Mis manos y mis brazos te han querido.
¡Cuántas veces mis manos
se quedaron tranquilas, en paz, puras,
saciadas de su sed por lo infinito,

tan sólo acariciándote las alas
que disimulan ciertas formas tuyas!
Y fueron ya manos felices, sí, manos felices
por tu gran parecido con la luna
cuando está llena y se la ve que tiene
un matiz sonrosado, el de tu carne.

Tengo unos labios. Mira. Yo recuerdo
que antes de conocerte,
es decir cuando Dios
no había separado todavía
la tierra de los mares,
tú andabas por tus labios,
yo por los míos, como si anduviéramos
por dos caminos diferentes.
Despacio yo, como indeciso día
que no renuncia a sol, a nube o viento,
sin saber lo que quiere, hasta que al fin
la noche le decide a la negrura.
Deprisa tú, saltando, tan derecha
como un aliento, que jamás vacila
porque hay que respirar. (Lo que vacila
está en el pecho, sí, pero a otro lado.)
Hasta que un día en que el azul estío
pareció no tener más herederos,
tus labios se olvidaron que eran tuyos
exactamente en ese punto mismo
del espacio y del tiempo
en que dejé por siempre de acordarme
de que los míos eran míos.
Desde entonces
no son míos ni tuyos, son ya nuestros:

y no hay para nosotros
más que un camino: el beso
que empezó aquella tarde y que termina
en una duda de si termina.
Perdóname en los labios,
si es que me has perdonado ya en las manos.
Y yo tengo un amor. Sí, míralo:
si traes los ojos con que yo te amo
y si las condiciones atmosféricas
permiten distinguir rayos de rayos,
a los cinco minutos de estar juntos
acaso puedas verle
cerrándote muy bien todos los huecos
del alma por donde entran
recuerdos de mazurkas y de valses:
porque el amor que yo te ofrezco es
como una oscuridad al principio y exige
cerrar el paso a tantas luces fáciles
para encontrar la suya, en las entrañas.
Tengo, tuve un amor. Y eso no es culpa
tuya, ni mía ni de nadie.
¿A quién podría echársele
la culpa de la sangre
por las venas oscuras o de esa
palabra que inventamos entre sueños?
Y como no hay amor ni ave que puedan
estar de vuelo siempre,
y toda ala de querer o pájaro
necesita posarse, te hice sufrir.
Por la misma razón que muchos pájaros
hacen sufrir a alguna rama,
mi amor se fue a posar en una fecha

que por curioso azar, tan inocente
como es el sino de la golondrina,
fue la misma en que tú
pusiste entre mis ojos y tu alma
la forma con que el mundo te distingue
de entre todas las otras fantasías
que quieren parecerse a ti, y fracasan.
Y por eso empezó el terrible daño
que hacen las manos y los labios
sobre todo las almas, cuando piden
amor y amor, a un día y a otro día:
necesitadas almas, como ojos
que al abrirse, mañana tras mañana
si no está allí la luz lloran de pena.
Ese daño que abril hace sufrir
a los jardines por la sed que tiene
de encontrar otra rosa entre las rosas.
Conocido dolor
que tanto nos fatiga
cuando ya son las once
y se quiere dormir en paz, tranquilos,
aunque sea en almohadas vacías
que no autorizan a esperar la aurora
tan confiadamente
como cuando se duerme
en la marea alta de algún pecho.
Perdóname en mi alma que te quiso,
si ya me perdonaste manos, labios.
Y ahora, después de confesarla tanto
he cogido la nieve
y la he visto morir, de mi calor
la prematura muerte que a la nieve

salva de la desgracia. Pero antes
al borde ya de su asunción al agua,
me dio un consejo y tengo que seguirle,
porque es de agonizante, es decir claro:
volverme sombra.

Volverse sombra es dulce para todos
los que han llorado por quererse tanto
al borde de un arroyo o en un coche.
Es dulce para el cuerpo suicida
que se deshace porque nazca ella.
Las manos de la sombra
pueden llamarse así, manos, tan sólo
porque acarician
con el tacto sin daño que jamás
aprendieron las manos corporales.
Las almas de las sombras
lo único ya que piden a lo amado
es irlo acompañando
tan delicadamente
que ya no duele nunca
estar solo o no estarlo,
y es porque no se sabe si lo estamos.
Su claro privilegio
es romper soledades en los labios
con que el amor las quiebra, nuevo beso.
Volverme sombra, sí,
porque la sombra no hace nunca daño.
O hace ese daño apenas perceptible,
hermano en su dulzura de los céfiros,
recordar, recordar sombras de sombras,
echar de menos lo que hacía daño,

y amar el dolor que nos hicimos,
y que ahora ya se llama de otro modo.
Y por eso no llores, si algún día
a la hora de la cita a que acudimos
con la puntualidad de lo astronómico,
en esa calle tan dorada siempre
por el derroche de oro del anuncio,
sientes, en vez del beso,
una aparente soledad y el trémulo
saludo que inclinándose
hacen las sombras por el aire
a aquello que han amado antes de serlo.

La rosa pura

La rosa, la rosa pura.
Quiero mandarte la pura rosa.
La que no tiene símbolo ni signo.
La que no pese
porque recuerda un recuerdo.
La que no cante
porque se cogió con el gozo.
La que no tenga fecha,
fecha de hombre, fecha de número,
fecha de mundo:
la que sea su nacimiento puro
sucediendo a su mismo capullo.
La que no diga: «Me quieres», ni: «Te quiero».
La que diga tan sólo: «Soy mis pétalos,
mi color, mi forma, soy la rosa pura. Tómame».

La que no pida
que te la pongas en el pecho.
La que se contente con el encuentro
de su color y tus ojos,
de tu mirada, un instante.
Con el contacto
de su materia y tu vida: tu mano, un instante.
La que te deje vivir
sin rosas, si tú no quieres
tener la rosa en tu vida.

Me lavaré las manos
toda una noche entera en el agua
lenta y lustral de los ríos del sueño,
para cogerla de mañana antes
de que despierte la conciencia,
porque quiero cogerla con los dedos,
no quiero cogerla con un pensamiento.
Y si la cojo así y así te llega,
mis pies recordarán haber pisado
el paraíso, antes
del bien y el mal, de la mujer y el hombre.
Y yo seré una sombra,
y tú serás otra sombra,
sin otra realidad que la que crea
el ofrecernos una rosa pura.

Muerte del sueño

Nunca se entiende un sueño
más que cuando se quiere a un ser humano,
despacio, muy despacio,
y sin mucha esperanza.

Por ti he sabido yo cómo era el rostro
de un sueño: sólo ojos.
La cara de los sueños
mirada pura es, viene derecha,
diciendo: «A ti te escojo, a ti, entre todos»
como lo dice el rayo o la fortuna.
Un sueño me eligió desde sus ojos,
que me parecerán siempre los tuyos.

Por ti supe también
cómo se peina un sueño.
Con qué cuidado parte sus cabellos
con una raya que recuerda
a la estela que traza sobre el agua
la luna primeriza del estío.
Mi mano, o una sombra de mi mano,
o acaso ni una sombra,
la memoria, tan sólo, de mi mano
jamás acarició una cabellera
tan lenta y tan profunda
como la de ese sueño que me diste.
En el pelo, en el pelo de tu sueño
fueron mis pensamientos enredándose,
entrando poco a poco, y se han perdido
tan voluntariamente en él que nunca

los quiero rescatar: su gloria es ésa.
Que estén allí, que duermas
sobre las despeinadas
memorias que mi alma te ha dejado,
entretejidas en su cabellera.

Por ti he cogido a un sueño de las manos.
Por ti mi mano de mortal materia,
ha tocado los dedos
tan trémulos, tan vagos,
como sombras de chopos en el agua,
con los que un sueño roza al mundo
sin que apenas lo sienta
nadie más que la frente consagrada.
Por ti he cogido un sueño de las manos,
o de las que parecen manos, alas.
Las he tenido entre las mías,
un año y otro año y otro año,
como se tienen las de un ser que va a marcharse,
fingiendo que es para decirle adiós,
pero con tal ternura al estrecharlas,
que renuncia a su fuga y nuestro tacto,
de adiós se nos trasmuta en bienvenida.
Por ti aprendí el lenguaje
tan breve y misterioso de los sueños.
Cabría en el cristal
de una gota de agua.
Está hecho de dos letras cuyos trazos
aluden con su recta y con su curva
a la humana pareja, hombre y mujer.
«Sí» dice, sólo «sí».
Los sueños nunca dicen otra cosa.

Nos dicen «sí» o se callan en la muerte.

Por ti he sabido cómo andan los sueños.
Llevan los pies desnudos
y parecen más altos todavía.
El alma por que cruzan se nos queda
como la playa que primero holló
Venus al pisar tierra, concediéndole
las indelebles señas de su mito:
las huellas de los dioses no se borran.
Entre el vasto rumor de los tacones,
que surcan las ciudades colosales,
mi oído a veces percibe
un rumor leve como de hoja seca,
o de planta desnuda: es que te acercas,
por las celestes avenidas solas,
es que vienes a mí, desde mi sueño.

He sabido por ti de qué color
es la sangre de un sueño. Yo la he visto
cuando un día le abriste tú las venas
escapar dulcemente, sin prisa, como el día
más hermoso de abril, que no quisiera
morirse tan temprano y se desangra,
despacio, triste, recordando
la dicha de su vida:
su aurora, su mañana, sin rescate.

Por ti he asistido, porque lo quisiste,
al morirse de un sueño.
Poco a poco se muere

como agoniza el campo en el regazo
crepuscular, por orden de la altura.
Primero, lo que estaba al ras de tierra,
la hierba, la primer oscurecida;
luego, en el árbol, las cimeras hojas,
donde la luz, temblando se resiste,
y al fin el cielo todo, lo supremo.
Los sueños siempre empiezan a morirse
por los pies que no quieren ya llevarlos.
Como el cielo de un sueño está en sus ojos
lo último que se apaga es su mirada.

Y por ti he visto lo que nunca viera:
el cadáver de un sueño.
Lo veo, día a día, al levantarme, aquí, en mi cara.
(Has vuelto tu mirar hacia otro rostro.)
Me lo siento en las manos,
enormes fosas llenas de su falta.
Está yacente: tumba le es mi pecho.
Me resuena en los pasos
que van, como viviendo, hacia mi muerte.
Ya sé el secreto último:
el cadáver de un sueño es carne viva,
es un hombre de pie, que tuvo un sueño,
y alguien se lo mató. Que vive finge.
Pero ya, antes de ser su propio muerto,
está siendo el cadáver de un sueño.
Por ti sabré, quizá, cómo viviendo
se resucita aún, entre los muertos.

Dueña de ti misma

Una noche te vi tan inclinada
a abandonarte a ti
misma por unos astros,
que me brotaron voces repentinas
del pecho y te hablé así:
¿Qué van a hacer las hojas? Están presas
a las ramas del árbol;
se lloran a sí mismas,
como lágrimas verdes, cuando llueve.
Y el día que se sueltan,
como no tienen pies ni manos, son
del primer viento que las arrebata,
del punto cardinal que menos quieren.
Viven atormentadas y crujiendo
si un huracán las toma por amantes.
O son felices si un adolescente
céfiro retrasado
las coge por el talle, como novias
primeras y las lleva
por el espacio en valses lentos.
Su dolor será siempre
el sentirse sin pies y sin zapatos.
Porque un amor con pies lo puede todo.
La luz no tiene manos.
Las luces rondan las cuadradas casas,
se detienen en quicios y en umbrales
esperando que alguien
abra o cierre casualmente una puerta
y las deje pasar.
A servir a los mismos ojos siempre.

Porque la luz de fuera, vasta, anónima
quiere ser luz de dentro y su gran dicha
es tener ya conciencia de sí misma
entre cuatro paredes, suelo y techo,
como la tiene el cuerpo humano
que al fin se encuentra con amantes brazos.
La pena de las luces
es que no tienen manos y no saben
si entrarán algún día bajo techo
o si la puerta en cuyo umbral están
es una de esas casas
abandonadas que jamás se abren.
¿Qué van a hacer las luces y las hojas
más que esperar a ciegas
sus destinos que nunca serán suyos?

Pero tú tienes pies, tienes zapatos
nuevos, quizá recuerdes
que los compramos juntos.
Tu andar tan firme enorgullece al suelo
y le deja sembrado de recuerdos,
cual si no fuera tierra.
Entonces di, ¿por qué te estás tendida
en las noches de enero en tu diván
oyendo anuncios de abstracciones por la radio
y presintiendo vendavales próximos?
¿O por qué sales al jardín vestida
toda de malva, como una hoja seca,
en busca de una brisa que te ame
despacio y con cariño?
No. Tus pasos son tuyos, sólo tuyos.
Tus pasos están llenos de caminos.

Álzate y quiere con los pies seguros
lo que has querido vacilante
hace ya muchos años con el pecho.
Sólo tu paso te hace o te deshace;
no los dioses
que fingen entre nubes vago imperio.
Yo que admiro tus piernas
tan esbeltas y claras como auroras
sé que uno de tus pasos
puede vencer a un dios antiguo.
Y que no hay fábula
más hermosa que un ser cuando camina
derecho a lo que quiere.
A veces es un tren, o es una tienda,
o es un baile de gala. A veces es
otro ser, escogido muy despacio.

Tú también tienes manos y conoces
la medida precisa de tus guantes.
Las cuidas lentamente
al despertar, todos los días
para que se terminen
como acaban las rosas.
Con ellas muchas veces estrechaste
sueños que parecían otras manos.
Entonces di ¿por qué miras al cielo
y deshojando las constelaciones
lucero por lucero dices
«Sí, no, sí, no»? Tu mano,
con cinco puntas como las estrellas,
marca nortes mejor que ningún astro.
Puede escribir las señas en los sobres,

abrirles los capullos a las rosas,
sacar de algún cajón algún olvido
y transformar las despedidas tanto,
diciendo adiós, que nadie se separe.
Y además de esas gracias esenciales,
tu mano firme puede
abrir la puerta al tiempo que aún no ha sido.
Lo puede si lo manda
un amor que descienda como sangre,
en donde ella ha nacido, de ella hermano,
a lo largo del brazo
que tanto admiran cuando vas de baile
entregándolo al aire,
los cisnes que te miran, melancólicos.
Y mejor que escrutar los horizontes,
sus intrincadas rayas sin sentido,
mira a tu palma y los verás allí,
horizontes de ti, líneas ciertas
que han nacido contigo.
Cierra la mano y sentirás en ella
latir, como un ave impaciente
de vuelos en futuro,
las alas de tu suerte.

Mírate cara a cara. No te ocultes,
no me ocultes a mí, que ya los dioses
no tienen en sus manos nada tuyo.
Por eso yo no miro
ya a las nubes olímpicas, de mármol,
ni a las cifras, sin clave, por los cielos.
Y desde hace unos años
te miro a ti a las manos, a los pies.

Te miro más arriba, donde dioses
parejos, tus luceros
pueden negarlo o entregarlo todo.
No es el azul, el pardo, el gris, el negro
el color que te viste la mirada.
El color de tus ojos es de sino.

Amor, mundo en peligro

Hay que tener cuidado,
mucho cuidado: el mundo
está muy débil, hoy,
y este día es el punto
más frágil de la vida.
Ni siquiera me atrevo
a pronunciar el nombre,
por si mi voz rompiera
ese encaje sutil
labrado por alternos
de sol y luna, rayos,
que es el pecho del aire.
Hay que soñar despacio:
nuestros sueños deciden
como si fueran pasos;
y detrás de ellos quedan
sus huellas, tan marcadas,
que el alma se estremece
al ver cómo ha llenado
la tierra de intenciones
que podrían ser tumbas
de nuestro gran intento.

Soñar casi en puntillas
porque la resonancia
de un sueño, o de un pie duro
en un suelo tan tierno
podría derribar
las fabulosas torres
de alguna Babilonia.

Hay que afinar los dedos:
hoy todo es de cristal
en cuanto lo cogemos.
Y una mano en la nuestra
quizá se vuelva polvo
antes de lo debido
si se la aprieta más
que a un recuerdo de carne.

Hay que parar las gotas
de la lluvia: al caer
en la tierra abrirían
hoyos como sepulcros;
porque el suelo es tan blando
que en él todo es entierro.
Parar, más todavía,
cuando estemos al borde
de algún lago de plata,
el afán de llorar
que su gran parecido
con un lago de plata
en nosotros provoca.
Sí, detener las lágrimas.
Si una lágrima cae

hoy con su peso inmenso
en un lago o en unos
ojos que nos querían
puede llegar tan hondo
que destruya los pájaros
del cielo más amado,
y, haciendo llover plumas,
llene toda la tierra
de fracasos de ala.

No hay que apartar la vista
de los juncos de azogue
donde el calor se mide.
Si el ardor sube mucho
en pechos o en termómetros,
puede arruinar la tierna
cosecha que prometen
tantas letras sembradas
en las cartas urgentes.

Vigilar, sobre todo,
a ella, a la aterradora
fuerza y beldad del mundo:
amor, amor, amor.
Esa que es grito y salto,
profesora de excesos,
modelo de arrebatos,
desatada bacante
que lleva el pelo suelto
para inquietar los aires,
esa
envidia de torrentes,

ejemplo de huracanes,
la favorita hija
de los dioses extremos
–amor, amor, amor–
que con su delirante
abrazo hace crujir
por detrás de la carne
que se deja estrechar
lo que más se resiste
en este cuerpo humano,
a ternura y a beso:
el destino final
del hombre: el esqueleto.
Amor, amor, amor.
¿Porque quién ha sabido
nunca, si hace o deshace?
¿Y si, cuando nos arde
es que nos alza a llama,
o nos quiere cenizas?
Por eso, el mundo, hoy débil,
la teme más que a nadie.
Y hay que dar el aviso
a todos los amantes
de que la vida está
al borde de romperse
si se siguen besando
como antes se besaban.
¡Que se apaguen las lumbres,
que se paren los labios,
que las voces no digan
ya más: «Te quiero»! ¡Que
un gran silencio reine,

una quietud redonda,
y se evite el desastre
que unos labios buscándose
traerían a esta suma
de aciertos que es la tierra!
Que apenas la mirada,
lo que hay más inocente
en el cuerpo del hombre,
se quede conservándole
al amor su futuro,
en esa leve estrella
que los ojos albergan
y que por ser tan pura
no puede romper nada.

Tan débil está el mundo
–cendales o cristales–
que hay que moverse en él
como en las ilusiones,
donde un amor se puede
morir si hacemos ruido.
Sólo
una trémula espera,
un respirar secreto,
una fe sin señales,
van a poder salvar
hoy,
la gran fragilidad
de este mundo.

Y la nuestra.

[De entre todas las cosas verticales]

De entre todas las cosas verticales
en que el mundo revela
su parecido con la llama, anhelo
de vivir hacia arriba o no vivir,
lo que yo ahora te ofrezco a la memoria
no son los delicados rascacielos
con túnicas a cuadros,
de luz y sombra, por la noche, coro
de lánguidos y esbeltos Arlequines
en el aire ambicioso de Manhattan.
No son las almas de pasadas ninfas
que a su inmortalidad han ascendido,
por fin, en los jardines disfrazándose
de surtidores, y que en estos cuerpos
nuevos y de cristal, ya traspasaron
las leyes de la carne y su fatiga
y eternizan la danza contra el tiempo
dando envidia a las flores que se cansan.
No las metálicas escalas
por donde suben bajo cascos épicos
los caprichos, vestidos de bomberos,
a salvar en el piso veinticuatro
de la más alta casa de muñecas
a algún alma cansada,
que se ha quedado allí
dormida por descuido, y sin salida.
Ni es la palmera, ni es
la verticalidad que más nos duele,
la de estar solos, solos, solos, solos.
Rectos como los faros, apagados.

Porque la soledad es la absoluta
vertical, ya sin luz, sin hojas, de este mundo.
No. Lo que te recuerdo
son dos voces. Dos voces, una noche,
de dos seres tendidos,
allí, en la misma cama.
Y hablaron: y sus cuerpos,
los derribados troncos
de donde ellas nacían,
seguían boca arriba, separados,
sin volverse uno a otro,
por no alterar la vertical pureza
de su paralelismo por el aire
oscuro de las tres de la mañana.
Se hablaban, sin mirarse,
como si aún estuvieran
inmensamente aparte, distanciados.
Los ojos esperaban,
ya todos preparados a su gozo,
si una luz encendía alguna mano:
mas nadie la encendió, los dos siguieron,
prefiriendo no verse.
Los labios y los brazos
en el umbral temblaban
del hermoso camino violento
que el cuerpo sigue tantas veces.
Y ninguno besó. La forma última
del amor, esa noche
era estarse muy quietos, en lo oscuro,
para fingir que ya tan sólo
dos limpias voces, puras, paralelas,
quedaban de sus vidas, de sus ansias.

Habitantes, por fin, del paraíso
donde sin pena o condición de carne,
de color o de nombre, de fecha o de sollozo,
las voces verticales
de los que tanto amaron torpemente,
echados, sobre el mundo,
puestas en pie, derechas
igual que llamas de su propia lumbre
traspasan las mortales fronteras
que de sí mismas arden, silenciosas,
se dicen lo que tienen que decirse
sin encender las luces de sus cuerpos.

[¡Qué olvidadas están ya las sortijas]

¡Qué olvidadas están ya las sortijas
en los dedos de antes! Si soplara
la pena con el ímpetu del aire
se llenaría el suelo de amarillas
sortijas desprendidas
de las ramas más altas de los sueños.
Una sortija, una promesa, son lo mismo:
inspiran la ilusión, por ser redondas,
de que no tienen fin. Pero muchas promesas
se mueren en octubre, allí en los dedos
donde las colocamos confiados. Y se alfombran
los caminos del mundo de oro triste.
Porque hay manos que nunca
se dejan oprimir: quieren ser libres.
Y una promesa aprieta más que anillos.

¡Qué olvidadas se sienten las palabras
que decían que nunca olvidaríamos!
Cuando me olvidas, di:
¿te acuerdas, por lo menos, del olvido?
Recordar el olvido,
aunque no tenga rostro, nombre, cuerpo,
es casi no olvidar lo que se olvida.
No te puedo pedir
que te acuerdes de mí como yo era
–una cara, unos ojos, unas lágrimas–
sólo que me recuerdes como a algo
que uno recuerda que se le ha olvidado
y sin saber qué es, muy vagamente
lo eche de menos cada cinco días.

¡Qué olvidadas se sienten
las distancias, su número, su forma!
Mientras que se perciban no hay ausencia.
El mar, las tierras y las leguas,
contadas y nombradas
–yo en California, tú en Escandinavia,
y entre los dos los mapas abiertos, tan precisos–
aseguran que existe, allí en un punto
exacto del espacio de los sueños
y acaso de la tierra, el que está lejos
por muy lejos que esté. Mientras sepamos
exactamente lo que nos separa
no habrá separación. La muerte es
la niebla, allí en las almas, sí la niebla,
abolición de todos los confines,
gran naufragio de números y nombres,
y un ansia a ciegas que recorre el mundo

clamando: «¿En dónde, en dónde
está lo que tan lejos me quería?».

¿Y las alas, las alas?
¿Cómo pudimos olvidarlas? Di.
De tanto ir por las calles
a comprar trajes, humo o violetas,
o a buscar un empleo en una estrella;
de tanto ir sobre ruedas,
matando, por matar, paisajes verdes
que se quedan atrás como cadáveres,
creíste que el andar era tu modo
de atravesar la vida, o algún coche
color de primavera que comienza.
Se te olvidan las alas que te he dado y no usas.
Y al mirar a los pájaros o a ángeles,
criaturas extrañas te parecen
y no puedes venir adonde espero
por no tener ya fe en lo que te dije:
que lo que tiene vuelo siempre vuela.

¡Qué olvidados se quedan los desnudos!
Hay tantas floraciones en las telas
que los escaparates te derrotan
lo más bello de ti, con sus ficciones.
Convertida en silueta verde y blanca,
color de tierno mar adolescente,
o envuelta en terciopelo todo rojo
igual que una tragedia que se acerca,
en tus vestidos vives y te olvidas
de lo que puedes dar a ciertos ojos
de asombro y maravilla si te quitas

lo que el mundo te pone sobre el alma
para que te confundas con las otras.
Porque el desnudo tuyo no es tu cuerpo,
ese otro traje más, color de vida,
con que siempre te quedas por las noches,
sino lo que detrás está, desnudo.

¡Qué olvidado el espejo, sí, el espejo,
en donde nos miramos una tarde
con nuestras caras juntas,
tan semejantes a los dos soñados,
que un deseo común nos subió al alma!:
no salir nunca de él, allí quedarnos,
igual que en una tumba,
mas tumba de vivir,
tumba clara, de azogue
donde dos seres vivos que la buscan,
la eternidad alcanzan de los muertos.
Tú te marchaste de él: era mi vida.
Y mientras yo contemplo en su vacío
poblado de fantasmas de reflejos,
la soledad que es siempre
mi cara si la veo sin la tuya,
tú, antes de ir a algún baile,
en otro espejo, sola, te miras a ti misma
con los ojos que un día prometieron
que sólo te verías en los míos.

[De marfil o de cuerpo]

Tú, que tuviste brazos
como vías celestes
por donde descendían
los dioses a las horas
de nuestros dos relojes.

Tú, que tenías piernas
como dulces riberas
de algún río en estío,
frescas para el descanso
o sueño de la siesta.

¿Por qué te has convertido
en abanico antiguo?

Sí, mujer, o abanico:
ya te he dado el reposo
que tanto me pedías;
ya estás allí en tu estuche
o en tu vida de siempre.

Estuches de abanicos,
sonrosados por dentro:
tibios forros de raso
todos abullonados,
casi tumba o costumbre.
Cerrada estás, cerrada
sobre ti misma. Tú
que antes te desplegabas
con un tierno crujir
de tela, carne o hueso

para entregar tus cielos
de abanico o de alma
a mis últimos pájaros.

Tú, que al abrir tu amor
día por día, beso
por beso,
varilla por varilla
trazabas con tus líneas,
de mujer o abanico,
curvas de carne o aire
sobre el fondo del mundo,
ahora escoges la recta
solución de la tumba.
O tu estuche.

A la vida renuncias,
sí. La vida es un júbilo
que inventa redondeces:
astros, burbujas, senos
en la tabla del pecho,
primaveras redondas,
cánticos que rebotan,
elásticos, y labios,
los labios siempre curvos.
Redonda noche, cielo
redondo, amor redondo:
los amantes aprenden
su gran geometría.

Tú supiste de curvas
oh mujer –o abanico–

y tu tela o tu carne,
lentamente agitadas,
despertaron las brisas
más secretas del mundo.
Por ti se estremecieron
las flores submarinas
y las hojas del álamo.
Cuando tú, por la noche
te abrías, como besos,
el día alboreaba
vibrante como un ala.

Todavía en tu estuche
hay unas tentaciones,
como pétalos viejos
de un ramo que llevaste.
Todavía te dejas
sacar de esa tu vida.
Y con tacto de sombra
voy probando de nuevo
a abrirte en nuestro mundo.
Muy despacio mi mano
mueve
tu materia dulcísima
de marfil o de cuerpo.
Y el aire, el soplo antiguo,
en esta luz de hoy,
como un ayer renace.
La seriedad compacta
de una vida entre rectas,
se rompe, vibra, canta:
salta el beso. Y prosigues

la misión más excelsa
en esta tierra triste:
temblar, hacer temblar.
Velas en los bajeles,
en las alas las plumas,
el ímpetu en el hombre,
las cuerdas en las harpas.

Pero como eres frágil,
se oye tu queja leve,
tu miedo a levantar
las altas tempestades.
Te obedezco, te cierro,
con cuidado infinito,
como si fueras vidrio,
o santa o explosivo.
Y te vuelvo a tu estuche,
–¿es tu vida o tu féretro?–
tan delicadamente
como si yo acostase
al más amado espectro
en un lecho de «déjame»,
de «déjame» sin fondo.

[Error sensible fue]

Error sensible fue
como abril mayo junio y sus estragos
irme fuera de mí. Me lo decían
los mejores maestros de mi infancia:

un ruiseñor que no cantó una sola noche,
una semilla que guardó su fruto,
aquel espejo viejo
de cuerpo entero, de mi casa,
y algunos otros egoísmos variados.
Pero yo, desoyéndoles,
di todo lo que podía dar. Salí.
Y no sé dónde estoy.
Miro a los globos de los niños, de colores,
miro a las frutas, los melocotones
cuya corteza no hace nunca daño
como ciertas mejillas. Y los abro
y paso por su pulpa tan deprisa
como por un placer desesperado;
su hueso abro,
y llego a la amargura de la almendra.
Escucho unas palabras que preguntan:
«¿Siempre, verdad que sí?»
y me recuerdan a mi voz, sin serlo.
Palpo
con las manos abiertas
el torso de la luz de la mañana,
o una hermosa cabeza de mujer;
y volviendo las palmas hacia arriba
recibo varias gotas de la lluvia
y las miro, una a una,
a través de esa lupa poderosa
llamada la esperanza y que revela
que no hay nada en ninguna
mas que su semejanza con las lágrimas.
Y busco y busco, sobre todo allí
donde debía yo de estar si no recuerdo mal

antes de mi extravío;
en donde tan a gusto me sentía
que podía dormir tranquilamente
conmigo mismo al lado
pero no con mi cuerpo
sino en otro tan bello
que por su gran belleza ya no puedo
apartarme de estos lugares ni esta isla
a pesar de que sé que está vacío
el hoyo donde estuvo mi tesoro.
(La palabra tesoro
recuerda lo que soy: cuento perdido.)
Porque es muy triste que le ocurra a uno
lo que a la sombra de ese
cabello femenino suelto al viento:
reclinarse,
lleno de gozo ahora entre sus pechos
y a poco por un aire incomprensible,
y por la volubilidad del sol, sentirse
difícilmente sostenido apenas,
en un hombro, chocar con la clavícula
o retornar a la mata de pelo
donde todo cabello es un anónimo,
sin saber dónde está.
Todo porque salió fuera de sí
y se entregó a la luz y sus mudanzas.
Y es que a veces
uno querría saber en dónde está
y estar tranquilo, sin sufrir ya más
las tristes consecuencias
que tanto me recuerdan las mareas,
de haber dado lo poco que se tiene.

Y estar en algún sitio, estar; estar
aunque fuese instalado
cómodamente en un sillón
igual que en un crepúsculo con plumas,
hablando entre sorbo y sorbo
de algún aperitivo sin pasado
hecho todo de fechas exprimidas,
con aquella mujer
que suele viajar en coche verde,
y confundirse así con primaveras.
Y que tiene unos ojos
tan de bondad que creo que aún podría
darme razón de donde estoy, sí, darme
razón de mí. ¡Dios se lo pague!

[Ruptura de las cosas]

Tú ya sabes que yo,
como siempre te espero
nunca atiendo a las cartas
ni al teléfono. Pero
a las tres de la tarde
de aquel día tan triste
me mandaste una urgente
claridad a mi casa,
en forma de un brevísimo
escampar, entre nubes.
En la azul superficie
en donde me escribías
y ante la cual las gentes
cerraron sus paraguas

nadie hubiera podido
falsificar tu firma,
tan clara. Y fui.
                    (A veces
se nos olvida todo
y hacemos caso al cielo,
otra vez.)
            No me explico
cómo
estabas tan secreta,
sí, tan inaccesible,
y sin embargo abiertas
todas, de par en par,
las puertas de tu casa
tan milagrosamente
abrigada del hielo.
Me di prisa a besarte
la mano, porque vi
que se estaba apagando.
«Siéntate aquí», dijiste
señalando la enorme
playa que está junto a la radio
y donde vienen a romperse
las voces más extrañas
mojándote los pies
con espumas de cánticos.
La arena estaba tibia,
tibia como aquel día
en que yo te la traje
puñado por puñado
en viajes tan innúmeros
desde el mar a este cuarto

que aquel día empezó
ese cansancio que me mata,
lo mismo que la vida.

Sentí que ibas a hablar.
Pero antes que llegase
desde su misterioso
remotísimo origen
la palabra a tu boca,
el mundo fue una pausa,
la inolvidable pausa
en que hubo tiempo
de que cruzaran por mi vida
algunos siglos variados,
con los elefantes de Aníbal,
las fiestas de los incas,
y las noches de luna
de aquel rey de Baviera antes del suicidio.

«Te llamo porque sé
el secreto que va
a dejarte tranquilo.
Lo sé como la rama
sabe el peso del pájaro:
sólo por un momento,
entre un vuelo y un vuelo.
Y se me olvidará a las cuatro y media.
Escúchalo deprisa:
ya sé
por dónde se rompen las cosas.
Todas. Dame un papel.»
Y yo te di una carta

que me habías escrito
antes de Jesucristo
y que seguía intacta.
Tus manos daban vueltas
y vueltas tanteándola,
cual si fuese mi dicha.
La miraste al trasluz,
y como había sido tuya
se te vio allí la cara
igual que en un espejo.
«Sí, por aquí será.»
La sombra de tu dedo
me señaló una línea
que cruzaba palabras
hermosas: «mucho, nuestro»
lo mismo que los trenes
cruzan por los paisajes
paradisíacos
cortando en dos lo que escribió el estío.
(¡Qué peso
se me quitó de encima!)
Luego me fuiste revelando
que los puertos se rompen
siempre allí donde arrancan
los barcos; que las ramas
por muy fuertes que sean
se tronchan en el sitio
donde cae siete veces
una gota de lluvia;
que los días se quiebran
y caen hechos pedazos
siempre que nuestros ojos

al despertar les piden
que nos hagan felices,
antes de que anochezca;
que los besos
aunque son tan flexibles
se parten, dan dos bocas
y en su separación
cuando quieren clavarse
en el pecho del tiempo,
herirle, verle desangrarse,
darle
irremisible muerte.

Sí, lo sabías todo.
Lo del vidrio,
lo del agua y también lo del sueño.
Esa lámpara tuya
donde la luz eléctrica
se sostiene en un tallo
de cristal, imitando
a la luz de los cielos
apoyada en los surtidores,
se partirá, lo sabes,
a las cuatro pulgadas de su base
en cuanto la tropiece
una mano que temes.
Me marcaste en un mapa
ese lugar exacto
en donde el mar azul
se escindirá en dos partes
cuando allí caiga el cuerpo
del hombre que te busca,
camino de su fondo.

En cuanto al sueño, al nuestro,
tú, por la ley de herencia,
de la aurora manejas
nuestras vidas igual
que las dos manecillas
de tu despertador en miniatura.
Y las pondrás, lo sé,
en una hora precisa
de algún día, de algún
mes, de algún año
en cuanto te lo mande
aquel helecho del arroyo
a cuya orilla
te lloré y me lloraste.
Y cuando ya se abrían
tus labios,
a decir por cuál iba
nuestro amor a romperse
de entre las veinticuatro
que componen la jaula
tan amada del pájaro,
pasó
tu tiempo de visión.
Y te quedaste muda,
otra vez ignorante,
como tu eternidad hermosa,
como ella
olvidada de todo.
Hermosa más que tú,
hermosa como otra:
la que ya no recuerda
lo que será el futuro.

Y como era muy tarde
me despedí del fondo de tus ojos
y me marché a buscarte en el olvido.

[Como ya no me quieres desde ayer]

Como ya no me quieres desde ayer,
la memoria esta noche,
igual que mano torpe
toda llena de ruedas diminutas,
cuando quiere arreglar algún reló,
repasa los recuerdos
de cosas que yo hice
por ganarme tu amor, y fracasaron.

Te he dado el fuego, sí.
Era un salón en donde varias gentes
disimuladas tras los antifaces
que los rostros se ponen en los rostros
en cuanto que se encuentran dos personas,
decían unas frases
tan refinadas sobre el mundo
que el suelo se quedó todo sembrado
de menudos cristales o esperanzas.
Y como lo sabían todo, todo,
gracias
a los trajes de moda, a las ideas,
y a la complicación de los cocteles,
las almas más desnudas que allí había
corrieron a esconderse
al último rincón con la vergüenza

de mariposas de un estilo viejo.
Entonces tú miraste
alrededor desesperada, en busca
de una nube o de un humo
que abrigara tu fuga hacia la fe.
Y yo que me enteré por un espejo
que vino a susurrármelo al oído,
acercándome a ti, que sostenías
en dedos temblorosos un cilindro
donde estaban escritas misteriosas
palabras, como «Abdulla» o «Phillip Morris»,
te dije con el aire indiferente
en que toda tragedia se eterniza:
«¿Quiere usted lumbre?». Y te encendí el cigarro,
en cuya nube de humo fuiste al cielo.
¿Cómo olvidar que yo te he dado fuego?

También te di una tarde casi nada.
Estábamos callándonos, sentados
junto al lago de plata; y unas sombras
de vuelos de aves altas, por el agua
cruzándose con luces que volaban
también desde unos ojos a otros ojos
proyectando futuros, nos tejieron
en el aire de octubre, como hilos,
una trama, tan leve, que de puro
sutil resistiría
a la mortalidad y a sus intentos,
igual que se resiste el incorpóreo
tejido celestial, obra de ángeles.
(El aire nunca muere, no lo olvides.)
Y entonces yo corrí

a una gruta que es toda estalactitas
y te compré un pañuelo cuyo encaje
fuese tan parecido a aquello que veíamos,
como lo es nuestra vida
en que imposible amor con imposible
amor se cruzan, anudando siempre
las noches a los días,
sin que nadie lo note, por el aire.
Te regalé un pañuelo
casi tan liberado de materia
que si alguna vez lloras
sobre un fondo de nieve y hojas secas,
nunca acepta las lágrimas
y no permite huella,
por ser tan casi nada, a las angustias.
¿No pesa ya ese lienzo en tu memoria?

Otra tarde sentiste la inminencia
ya de la primavera que venía
en rápidos trineos, marzo abajo,
a las tiendas de flores a exhibirse
y a algunos pechos donde no la vieran.
¡Y no tenías tú dónde ponerla!
Me mandaste un aviso por telégrafo
diciéndome: «¿Qué haré con tanta luz,
con tantas flechas y con tantos mayos,
que se vienen derechos hacia mí,
y que ya no me caben en el pecho,
porque ya está muy lleno con lo tuyo?».
Yo te ofrecí cristal sin forma,
agua, cristal o luz, no sé qué era,
y tú jugando con los dedos

de pronto te encontraste con un vaso
ancho y abierto, en donde te cabría
casi lo mismo que en un pecho humano.
Por eso
hoy estás tan tranquila, allí en tu casa,
descansando los ojos
en verdes, en azules, amarillos,
que el cristal te recoge: primavera
ya, tan sin duda, tuya,
que cuando tú la miras
te parece que a ti te estás mirando
y que tienes el alma, antes dudosa
de poder sujetarse,
además de en tu pecho, en un cristal,
representada en rosa o alhelí,
y por siempre segura de su sitio.

También te acordarás de aquella tarde
en que sentiste un frío repentino,
aunque estábamos juntos,
por la Sexta Avenida.
Tomamos ascensores rapidísimos
como un alma que va derecha al cielo.
Pero todas las camas o las nubes
que había en el camino estaban ya
ocupadas por ángeles durmientes
o por espectros de Abelardos y Eloísas.
Y entonces yo no tuve más remedio
que ofrecerte
todo lo que un ser lleva
en sí para que en ello se repose
el otro ser cansado: una promesa

firme y horizontal donde nos cabe
mejor que en lecho alguno todo el cuerpo.
Y ese calor que baja
desde los ojos sin cesar,
cuando se mira al ser que más queremos
y se le abriga tan maternamente
cual si fuera una carne que comienza.
Y te estuve arropando,
toda la noche fría, con miradas
que tú nunca sentiste
más que como una ausencia, ya del viento
y de la soledad que te angustiaron.
Y las has olvidado, porque nadie,
con una ingratitud común a todos,
se acuerda a la mañana
de las telas que el cuerpo nos guardaron,
ni de los ojos que mientras se duerme
nos miran y nos miran anhelando
salvarnos de los fríos más futuros.

[Perdóname si tardo algunos años]

Perdóname si tardo algunos años
todavía en dejarte.

Aprovechando la amistad de un ala
tan parecida al viento
que dio la vuelta al mundo en unas horas
vengo de recorrer la tierra en busca
del mejor sitio para que te quedes.

Probé primeramente
innumerables sombras vegetales:
la del ciprés en cuya negra losa
nuestra memoria escribe
los epitafios al mejor recuerdo;
la sombra de los chopos,
que es igual que bañarse o que temblar:
la del sauce tan tristemente seca
como el esqueleto de un llanto.
Yo quería dejarte
protegida del sol y sus excesos
bajo ese amor que en una sombra hay siempre,
mas no encontré ninguna,
–y he probado jazmines y palmeras–
con ese temple exacto
entre el calor y el frío
que es la felicidad para tu sangre.
Las sombras no nos sirven.
He probado, los lechos
de agua, de tierra o pluma,
que el mundo ofrece al hombre, vivo o muerto.
Pensaba yo en un mar donde estuvieras
a lo divino, ligerísima,
flotante y distraída,
toda puro blancor, como una espuma
sin pecado y sin rumbo,
jugando eternamente con su gracia
soltera y cuya edad
se hiciera y deshiciera, a cada onda.
Yo te habría podido
por las tardes mirar desde un delfín.
Pero los mares

no han aprendido todavía las tibiezas
que tu cuerpo merece
por haber sido amado lentamente:
son demasiado fríos, por la noche.
He recorrido playas
buscando arenas cada vez más finas,
como el que va buscando pensamientos
más claros cada vez, de un alma a otra.
Pero nadie sabrá
lo enormes que son todos
los granos de la arena, sus aristas
el daño que hacen a los cuerpos tiernos,
si no ha querido como quiero yo
dejar a un ser sobre su misma dicha.
Pensé en maravillosas cuevas hondas;
entré, pero los ojos,
a los dos días de vivir allí,
se sentían heridos
por la implacable claridad, por esa
luz tenebrosa y dura, luz sin sol,
sin luna, luz sin padres, sin entrañas,
tan idéntica a otra
de que vamos huyendo en esta vida
porque nos quita la mejor ceguera
a fuerza de evidencia dolorosa y clara.
Y yo nunca he querido
dejarte en nada que dolor parezca.
Desesperadamente
entré en los almacenes
de más pisos del mundo, preguntando
por camas, por divanes, por cojines.
Los cojines a veces,

según me han dicho, están rellenos
con sobras de los sueños, con retazos
de algunas ilusiones sin empleo,
que las personas débiles entregan
a cualquier precio, por estar tranquilas.
Por eso a ratos nos consuela tanto
reclinarnos en ellos y sentimos
su blandura como una compañía.
Pero dejarte así
es como si siguieras
en donde estás todas las tardes, en tu casa,
de cinco a seis, bajo ese techo blanco
en donde tu mirada
escribe sin que llegue la respuesta.
Y yo quiero dejarte
bajo techos que siempre te respondan.
He mirado las manos, muchas manos.
Las manos son muy grandes y se puede
dejar a un ser entero en unas manos,
lo mismo que se deja
nuestro futuro si tenemos fe,
en nombres de dos sílabas abiertas.
Pero las manos casi nunca saben
estar abiertas, siempre tienen ansia
de apresar, de cerrarse, haciendo suyo
eso que en ti no quiere ser de nadie
y que igual que los ampos de la nieve
a mí se me deshizo entre los dedos
por quererlo guardar. No encontré unas
que supieran estarse, invariables,
tal como tú las quieres, todas palma,
como están las llanuras para el cielo

que en ellas vive eternamente libre,
entregado a su azul.
Y además en las palmas
hay líneas extrañas
que marcan rumbos y que trazan sinos,
que no entendemos bien. Y si te dejo
quiero dejarte en algo
tan terso como un lago
antes del primer viento de este mundo,
donde tú sola inventes tu destino.
Unas manos conozco
donde podrías descansar a gusto,
si no fueran las mías. ¡Sí, qué sueño
entregarte a mis manos,
como si fueran otras, y otro yo!
En nuestro ser mortal ya no he buscado
después lugar donde poder dejarte.
Ni siquiera en aquella coincidencia
de un pecho, de unos ojos, de unos labios,
tan de color de albergue,
que en ella te solías tú dormir
con ilusión de eternidad, por techo.
Porque allí ya estuviste, en unos ojos,
en unos labios, en un pecho abiertos
cuando ellos intentaban ser
el paraíso de tus ángeles
donde sus alas nunca más pidieran
otro aire en que volar.

Y como lo pidieron, ya por último
pensé dejarte en un camino.
Las sendas que probé te están estrechas:

acaban siempre en cuadros de familia
cuando a las once la emisión de radio
se ha terminado y hay que ir a dormir.
En los trenes ya has ido,
en los trenes nocturnos
donde dan el billete con su sueño,
y donde tú nacías,
tan bella y tan desnuda a la mañana,
como la última Venus,
sobre las ondas de ese mar metálico
que es la velocidad de los expresos.
Y el adiós, el dejarte
en el andén de una estación, como otras veces,
por bonitos que sean los carteles
donde anuncian los cielos de llegada,
crearía en mi pecho
el mismo error que el mes de mayo inspira:
y es que puedes volver. Y ese fatal
horizonte de antes: la esperanza.
Y de los barcos ya se sabe todo
desde que traicionaron a los vientos.
Salen a fechas fijas,
dejan siempre en un puerto
todo lleno de hoteles
con enormes letreros luminosos
que dicen Franklin, Monopole, Minerva
mucho más tristes que la Vía Láctea.
Y ya no hay esperanzas de naufragios.

Por eso
perdóname si tardo
todavía en dejarte y si te miro

hasta el séptimo cielo de los ojos,
atentamente, sin llorar, sereno,
en busca de una estrella o de un quizá,
donde estuvieras bien. Y mientras tanto
aún seguiremos juntos,
unos minutos más, hasta las siete.

[¡Cuántas veces te has vuelto!]

¡Cuántas veces te has vuelto!
Recuerdo que una noche te pusiste
de espaldas a mí, como si me olvidaras.
¿Es la espalda el olvido?
Tu espalda, ancha, espaciosa
era un olvido
por donde mi recuerdo iba buscando
delicias de tu cuerpo frente a frente,
como otras veces me lo diste;
igual que la mirada
se pasea tristísima
de lucero en lucero,
por las estrellas de la noche, de esa
gran espalda, la noche,
del gran cuerpo del mundo, luz y día.
Me faltaba
la luz total, tu frente, tú de frente,
pero mis ojos
por el ámbito quieto de tu espalda
encontraban las señas milagrosas
del otro lado, sí, los restos de tu luz.
Y a esa luz de tu luna, de tu dorso,

del resplandor de ti que aún me quedaba,
supe esperar a que volviese el día:
de un reflejo viví de lo vivido.
Te volviste por fin, al despertar.

¡Cuántas veces me has dado
la espalda más terrible, que es la ausencia!
¿Por qué no despedirse
de frente, sí, de frente,
ir paso a paso atrás, pero mirándose
de modo que la última
imagen de nosotros fuera siempre
la de unos ojos que aunque ya no ven
siguen mirando siempre a lo que quieren?
Una mirada
que traspasase vanas apariencias:
paredes, seres, cielos, años,
que esa casualidad llamada vida
se encapricha en poner
entre los dos destinos
que llevan nuestras iniciales.
Dos seres no se apartan
más que cuando engañados:
porque ya no se ven
se creen que están solos
y dejan de mirarse,
sin tomar la lección del mar y el cielo,
que vencen sus distancias contemplándose.
Si tú te equivocaste alguna noche
bailando con algunas realidades
tan sólo porque estaban a tu lado
es por no serme fiel con la mirada.

Yo estaba allí.
Ninguna soledad me dolió tanto
como esta de los ojos sin respuesta.

Y también el silencio es una espalda.
¡Cuántas veces he estado
esperando tu voz, como esperando
un movimiento de tu ser entero,
un volverte total hacia mi alma!
Hablar siempre es volverse.
Si tu voz viene a mí
es que tu cara está frente a mi cara.
Al hablarnos nos vemos. El silencio
por inmenso que sea se quebranta
echando en él un nombre de persona;
lo mismo que una vasta
superficie de agua vibra toda
y cambia su dureza cristalina
por un temblor de pecho palpitante,
respiración concéntrica de ondas,
si alguien en ella arroja
una piedra, y su peso, como un nombre.
Una palabra puede
salvarlo todo si se la echa allí
en el agua del alma que la espera.
Una noche yo mismo,
por darme tú la espalda del silencio,
me sentí vidrio, hielo,
sin hondura detrás, y yo vacío,
que iba a hacerse pedazos
en cuanto lo tocara algún azar.
Y de pronto tu voz, tu voz cayendo

en el centro de mí
me hizo sentir la vida
como un crecer de amor y amor y amor
dentro de amor, en infinitas ondas
que llenaron mi ser hasta los bordes
donde se acaba el ser y empieza el mundo.
Es porque te volviste, con tu voz.

Siempre te volverás; es tu promesa.
Y aunque un día
no me hables, ni me mires, ni estés cerca,
aunque parezca que no existes ya,
esperaré que vuelvas, que te vuelvas.
Por ti creo
en la vida que está siempre queriendo
volverse hacia sí misma, hacia la vida.
Por ti creo
en la resurrección, más que en la muerte.

[El aire ya es apenas respirable]

El aire ya es apenas respirable
porque no me contestas:
tú sabes bien que lo que yo respiro
son tus contestaciones. Y me ahogo.

La primera pregunta que te hice
fue cuando tú tenías
los brazos apoyados
en una barandilla de recuerdos,
una tarde inclinada

sobre ese lago azul que llevas dentro,
mirando a cuatro dudas
con plumaje de penas,
tan blancas y calladas como cisnes,
que lo surcaban, sin moverlo casi.
Tú mirabas la estampa
confusa de ti misma, te veías
en ella reflejada
pero con tal temblor, tan insegura
de tu propio existir, de lo que eras,
que te marchaste huyendo
a buscar en tu armario algún vestido
de denso terciopelo, y a probártelo.
Como está hecho a medida,
meter el cuerpo en él
es persuadirse unos instantes
por el consolador
y ajustado contacto de la tela,
de que se vive y de que somos algo
más que un reflejo trémulo
del que tenemos miedo, en aquel lago.
Y yo te pregunté: «¿Buscamos juntos?
Lo que se quiere hallar
en un agua tan vaga y tan borrosa
hay que buscarlo
por el aire hacia arriba.
Porque en lo hondo de un lago lo que hay siempre
es la copia de un ángel o de un dios,
la figura de un ser que allí se mira,
desde su verdadero ser celeste.
Y hay que buscarlo donde está; si buscas
como otras engañadas hacia abajo,

sólo te encontrarás ramas o piedras,
limo blando y sortijas oxidadas.
¿Quieres, di, que vayamos por los años,
los años del futuro como cielos,
en busca de tu ángel?
¿Quieres que sea yo tu compañero
para lo mismo que en las golondrinas
un ala es compañera de otra ala?
Yo saldré por la vía
más rápida que haya,
dentro de un radiograma, si me aceptas».
Comprendo tu silencio. La pregunta
la hice a seis mil kilómetros
y como hablé muy bajo
para que sólo tú me oyeses,
no me pudiste oír. Y continúas
probándote vestidos que te calman.

La segunda pregunta la escribí
el mes de octubre, en una hoja del árbol
que hay cerca de tu casa. Tú sentías
el otoño llegar, aquella tarde,
en grandes cantidades
de viento gris y de proyectos vagos,
apenas defendida
por una fe tan leve en tu calor
como la seda de tus medias.
Tu paso acelerado, contra el aire
se hacía la ilusión de que corriendo,
a primeros de octubre
se llega antes a la primavera.
Yo te escribí: «Tengo un verano

que se abre, sólo, cuando dos personas
que aman lo verde y tienen miedo al frío
al mismo tiempo llaman a su puerta.
No hay más invierno que la soledad.
Lo que funde la nieve es un amor
que se sirve del sol como su intérprete.
Toma mi brazo, acéptame este modo
sencillo de abolir, al mismo tiempo,
invierno y soledad, llamado amarse.
¿Quieres que entremos
en esa fiesta de las claridades
que empieza al iniciarse una pareja,
donde gracias a ciertas
sutiles transparencias y trasluces
de carne o de cristal, siempre anochece
mucho, mucho más tarde que en el mundo,
y la aurora coincide
con el primer deseo de la luz?».
El árbol entregó oportunamente
mi mensaje a tus pies. ¿Tú no recuerdas
una hoja que cayó cuando pasabas,
un rumor tierno por el suelo,
con las sílabas rotas de tu nombre
apenas susurradas, y un rodar
de materia muy leve, sobre piedras,
que iba detrás de ti, para salvarte
de tantas inclemencias solitarias?
Nunca me has contestado. Estoy seguro
de que, por no ir pensando en mí, la confundiste
con cualquier hoja de esas
que editan por millones los otoños
para hacer propagandas de lo ausente.

La tercera pregunta te la hice,
estando cerca, sí, muy cerca.
Abrazados estábamos.
Nuestro techo era abrazo,
las paredes y el suelo abrazo eran,
de ese color intenso
con que lo pinta todo el abrazarse.
Abrazo fue la puerta por que entramos.
La ventana era abrazo.
La noche, sus praderas,
el rebaño de mansos rascacielos
pastando estrellas con el cuello erguido,
a través del abrazo lo veíamos.
La visión era abrazo y oír abrazo.
Y estaban los sentidos
tan apretados unos contra otros
brindando a nuestra unión sus diferencias,
que hasta entonces mis ojos
no habían visto lo que vio el abrazo.
Por eso yo te pregunté sin voz
sólo estrechando aún más contra mi pecho
el cuerpo que los cielos me prestaban,
si tú sabías escribir
promesas con los ojos
y si en la hoja primera
del primer pliego de la aurora tú
me querrías trazar
cualquier palabra, por ejemplo: «eterno».
Mi afán era saber
cómo es tu letra cuando el alma escribe.
Tú no me has respondido. Lo comprendo.
Te habías ya dormido allí en mi pecho;

y mi pregunta como un ala se deshizo
al chocar con los ojos ya cerrados.
Algunas de sus plumas o palabras
–promesa, aurora, eterno– te rozaron
el alma, sí, pero tan levemente
que tú, creyendo que eran
uno de tantos sueños sin pregunta,
nunca has pensado en responder a un sueño.

[Las hojas tuyas, di, árbol]

Las hojas tuyas, di, árbol
¿son verdes, estás seguro?
¡Qué alegría te corona
por la mañana, a las once,
cuando ya no hay duda y todos
dicen: «Qué verde está el árbol»!
Los pájaros te lo afirman
a gritos, desde las ramas
cargadas de confianza
en el verdor que sustentan.
Pero a la tarde la duda
primera te va tocando
como un pensamiento vago
a una frente, desde lejos.
La duda viene primero
indecisa, hecha matices,
de rosa, de malva, tiernos:
el crepúsculo es la duda.
Cuando la sombra le mata
ya pareces todo negro.

Camina
por dentro, hacia tus raíces
la angustia de cómo eres.
Tus hojas tiemblan, se tocan
a ver si así, por el tacto,
de su verdor se convencen.
Pero el tacto nunca enseña
lo que es claro o es oscuro.
Y así te pasas la noche
inseguro
de tu misma primavera.
La conciencia de tu ser
—¿verde, negro, negro, verde?—
no la tienes tú, está lejos:
las esferas te la traen,
las esferas te la llevan.

Y tú, mar quieto, ¿qué eres?
¿Eres azul, verde, gris?
¿Eres un alma serena
que das paz al que te busca?
Qué a gusto estás cuando crees
que el azul tuyo ya es tuyo,
que los ojos que te miran
por tu alegría se alegran;
cuando no tienes secretos
y el que se acerca a tu orilla
ve, igual que ve en la mirada
el que quiere del que quiere,
lo que buscaba, hasta el fondo.
Pero luego, al par del cielo,
te vuelves inquieto, gris.

Empiezas a desdecirte
de la promesa que hacías
de entregarte al que viniera
a mirarte muy despacio
igual que un amor. ¿No puedes
cumplir eso que ofrecías?
No, no puedes: desde el cielo
algo que no es tuyo rige
tu color y tu alegría.
Y por eso tiemblas tanto
a la noche; es que no sabes
lo que vas a ser mañana,
si serás gozo o tormento,
hasta que amanezca el día
y tu color se decida.

Y entonces yo, ¿cómo yo
voy a saber lo que soy,
que tengo el alma tendida
delante del cielo mío
con el mar del suyo? ¿Yo
que tengo el ansia lo mismo
que las ramas esperando?
¿Cómo voy a prometerte
ser alegre, para siempre,
ser todo de día, a ti
que eres la luz decisiva?
Alúmbrame y seré claro:
no te quejes de mi pena
si es que tú no me iluminas.
No me preguntes; tú tienes
mi misma respuesta en ti:

> lo que tú me digas es
> lo que yo contestaría.
> Yo solo nada soy; vivo
> de la vida que me mandas.
> Te doy pena si me das
> pena. Mi gozo va a ti
> cuando de ti viene a mí,
> porque te debe la vida,
> y vuelve adonde nació.
> Si me preguntas si estoy
> salvado en la claridad,
> o perdido entre neblinas,
> yo me callaré esperando
> a que te lo digas tú
> que das la luz y la quitas.

[No me sueltes]

Muchas veces me has dicho: «No me sueltes».
Yo nunca te lo digo,
pero lo estoy pensando: y tú lo oyes.
Y desde que una tarde nos perdimos
junto a un arroyo, porque tú querías
ser tú, sola, y yo solo,
no nos soltamos nunca de la mano.

No te me sueltes nunca en estos cuentos,
del podrá, del podría, del pudiera
ser, tan maravillosos
que cuando yo termino de decírtelos,

nos duele la mirada
de tanto querer verlos en el aire.
Cuando hablo de imposibles
apriétame la mano más que nunca.
Nada más triste que soltarse
como niños de cuento, en cualquier bosque
cuando se estaba al borde de las hadas
para buscar aparte ese tesoro
que sólo a una pareja se revela.
No hay un amor ni un cuento
que no tengan buen fin. Y si parece
que acaban mal es porque no sabemos
contar, amar hasta el final dichoso.
Para unas manos juntas que buscan, todo es víspera.

No te me sueltes en las calles céntricas.
Recuerda aquella tarde, estando a orillas
de un gran río metálico de ruedas,
desatado hacia el mar de los quehaceres,
en que por desprenderte
de mí te viste sola en un islote
de desolado asfalto,
cogida entre las ondas incesantes
de automóviles raudos. Hasta que otro
Neptuno manejando una luz verde
paró el torrente y yo volví a encontrar
tu mano y te arrastré hacia nuestra tierra.
Desde entonces andamos
por las grandes ciudades tan unidos
que las gentes al vernos
se miran con tristeza,
sus manos sueltas y se paran un momento

para llorar junto a un escaparate
donde nadie les vea,
más que los maniquíes confidentes,
el error de estar enamorados.

No te sueltes tampoco
donde tanto te gusta, en las praderas:
allí el viento te tienta
a ser otra vez viento y a escaparte
para volver después de dar la vuelta
a cinco o seis montañas. Tengo miedo.
Yo sé que muchas brisas,
jóvenes como tú, como tú tiernas,
seguras de sí mismas
dijeron que iban a jugar un rato
con unas hojas verdes: y no han vuelto.
Nunca más se ha sabido de su suerte
sino esta soledad y esta quietud
que detrás se dejaron, por soltarse.
Los mitos, en el campo, siempre acechan.
Yo nunca estoy seguro
de lo que tu apariencia me insinúa:
que eres simple mortal, de pura carne.
Cuando libras tu cuerpo de las sedas
un recuerdo de ninfa o diosa altiva
convierte nuestro abrazo en una fábula.
Y así, en el campo, un día,
si te suelto la mano, volver puedes
a tu mito y dejarme a mí llorando
al pie de un árbol:
soñando brazos y mirando ramas
en que a pesar de todos los inviernos

el recuerdo certero reconoce
un latido de sangre que me amaba.

No te me escapes nunca en los salones
adonde sueles ir algunas noches
vestida de unos rasos tan antiguos
que llenan todo el ámbito de músicas
y hacen llorar a espejos y bujías.
No te sueltes
cuando se inclinen sobre ti y te inviten
a aceptar el regalo que las fábricas
repiten por millares.
Piensa en la gran dulzura destilada
por un alma tan sólo para otra.
Y sin mover la mano
para poner azúcar en el té,
di: «Yo no tomo azúcar», sonriendo.
Porque aunque estés sin mí por esas fiestas
el cálido recuerdo de una mano
está siempre estrechándote a lo lejos:
y soltarlo porque es pura memoria,
es más traición que abandonar un tacto.
También así se pierden o se salvan
cosas muy parecidas a la vida.

Y sobre todo no te sueltes nunca
cuando estemos durmiendo, sobre un lecho.
Comprendo bien por qué se alza tu brazo
trémulo, palpitante, vertical,
en el aire, a las tres de la mañana,
del fondo de tu sueño.
Las camas son inmensas, por lo blancas.

Y nadie sabe su extensión sin límite
más que el que tiene miedo
a que ya no le quieran, por la noche.
Las camas tienen níveas vertientes
–sólo parecen sábanas de hilo–
por donde los trineos del capricho
nos roban las promesas más seguras.
En su impoluto campo,
es siempre primavera
para toda semilla de futuro.
Y como un sueño pasa
de un ser a otro por los brazos,
abrazándose como el amor,
y desemboca allí en las palmas de las manos,
si tú te sueltas de la mano mía
perderás lo mejor que hemos ganado:
el don de soñar juntos, hechos cántico.
Y yo no quiero, no, perderte nunca
sobre esa casta anchura suavísima
donde el amor entero se nos cumple,
sin más tacto
que aquel en que una mano
entregada a otra mano,
aunque estemos dormidos,
hace sentir las sangres de dos seres
como una sola sangre:
la que da vida al corazón de un sueño.

Por eso yo te pido que vayamos
por este mundo con las manos juntas.

[¡Qué contenta estará el agua]

¡Qué contenta estará el agua
mañana, cuando despierte
y se encuentre con su cauce,
los dos brazos que la llevan
estrechada a su destino,
entre orillas que se alegran!

¡Qué feliz será la luz,
mañana,
cuando se encuentre a los ojos,
que la apresan, y la emplean,
y sirve ya para ver!

¡Qué perfecto será el pájaro
cuando se encuentren sus alas,
y su cuerpo y los albores
del día, indeciso aún,
con un pío, con un cántico,
en la garganta dormido,
que dé voz a la mañana!

Pero el alma, dime, el alma
que al otro día de aquel
se encuentra ya sin más ojos,
sin más manos, sin más pies,
que los tristemente suyos,
que los solos,
dime ¿En qué cauce, en qué luz,
en qué canto va a vivir
si ya no le queda más
que el cuerpo suyo a esa alma?

[Paz, sí, de pronto, paz]

Paz, sí, de pronto, paz.
Cuando no la esperaba.
El cielo está ya quieto:
de la tierra ha venido
la paz celeste. Sube
el azul de la tierra
siempre que allí dos almas
se sienten en azul.
Las nubes, las estrellas,
la radiante unidad
celestial, las conquistan
por la tierra, las almas.
Ya no hay viento, no hay ondas
que atormenten el agua
e impidan que veamos
nuestro rostro tranquilo.
Ya me acerco a mí mismo,
en el agua serena.
Una voz ha creado
mi buen reflejo en mí.
Me miro, puedo verme.
Una voz me inventó
esa forma sin lucha
que estoy viendo, soy yo.
Hago treguas conmigo,
me reconozco, acepto
los límites que herían.
El mundo está divina-
mente quieto. Ahora reinan
trasparencias en todo.
La materia ha perdido

esa opacidad triste
que la hacía materia.
Las luces de las almas
ya no tienen obstáculos
y la vida es cristal
por donde la esperanza
pasa, sin resistencia,
camino de su alba.
Los pájaros encuentran
el aire más sutil.
Los raudales del agua
corren doble que antes,
sin más esfuerzo que antes.
Es ya siempre de día,
y si vuelve la noche
parecerá la víspera
del día que la sigue.
Me toco el rostro, siento
su realidad de carne
como si fuera el rostro
que quería mi alma.
Los dolores antiguos
eran caretas. Ahora
mi cara es paz, mis manos
para la paz se abren.
El alma dividida
por fin se unió a sí misma
uniéndose a otra alma.
Ésa es la paz. La paz
sólo se hace entre dos.
Entre dos que luchaban
por vencerse uno al otro,

y que al fin comprendieron
que la victoria siempre
deja atrás un cadáver
de algo que se quería.
Vencer es separarse,
ser dos, el vencedor,
el vencido. Y no hay más
paz, unidad, victoria
sin muerte, que entregarse
las armas enconadas
con que nos defendíamos
y ser uno, en la paz,
dándose las victorias
que antes nos separaban.

[Tormenta aquí. Pero ¿y allí, donde tú estás?]

Tormenta aquí. Pero ¿y allí, donde tú estás?
¿Verás estos relámpagos que veo?
¿Oirás los truenos
con que amenaza inútilmente el cielo
a las estrellas que están detrás imperturbables?
¿Te llorará la noche,
como me llora a mí, mi soledad,
con lágrimas prestadas
y vendederas, lluvia por la frente?
Tus oídos, mis oídos,
tus ojos y mis ojos
¿estarán enlazados
por estos hilos vívidos que tienden
rayo y trueno a través de la distancia?

No. Deseo que estés suelta.
Deseo que tu noche sea pura,
que tu mirada pueda
vacilar, escogiendo lentamente
la estrella favorita
que esta noche te va a servir de almohada.
Ojalá lo que oigas
sea el revés del trueno,
el sonoro silencio
donde se escucha lo que no se dice
y se quiere decir o que nos digan.
No, [no] nos quiero unidos
a costa de que sientas
temblar el mundo como yo lo siento.
Ojalá te rodee
la paz que se merece tu mirada,
y en ti la guardes para mí.
Y que cuando mañana nos veamos
y se encuentren tus ojos con mis ojos
tu recuerdo derrote a mi recuerdo
como derrota el ángel a la sombra.
Y que en el día nuevo
sea tu cielo el que nos acompañe.

[Hora de la cita]

¿La ves? ¿Ves esa hora
escogida en el tiempo? ¿Ves esa hora
escogida en el tiempo
futuro? Tres y media.
¡Qué maravilla, encuentro!

Todo, tus pies, tus manos,
sirviendo a tu querer,
hacia mí te encamina.
Somos como dos líneas
fatalmente llamadas
a converger en una
hora favorecida.
Cuando la línea tuya,
cuando la línea mía,
dejen de correr solas
la intersección será
dos bocas que se tocan,
dos almas que se encuentran,
dos vidas que se miran.
¡Qué destino tan recto!
Hay curvas en la vía
del tren. Las carreteras
dan rodeos, parece
que de su fin se alejan,
un momento, jugando.
Pero por los caminos
dos voluntades van,
dos almas van, derechas,
ordenándolo todo:
no nos llevan las rutas,
nosotros, nuestro anhelo,
es quien las lleva a ellas.
Ya no hay quien nos separe.
Lo mismo que en abril
cada mañana acerca
a su rosal la rosa,
lo mismo que a la tarde

cada palmo de sombra
en el suelo alargándose
fatalmente aproxima
a su cielo la estrella,
los minutos que pasan
por todas las esferas
nos empujan, seguros,
un cuerpo hacia otro cuerpo.
Ya no vivimos, no,
en la tierra. Vivimos
como la gota de agua
en el caudal del río,
rumbo a la confluencia.
El tiempo es nuestro, nuestro.
Nuestro dueño es esclavo,
y él, que nos separaba
cuando nos despedíamos
sopla ahora nuestras velas,
nuestras almas tendidas.
No somos ya nosotros:
somos el tiempo. Todo
minuto que transcurre
hacia las tres y media
es igual que un latido
de nuestro corazón,
latido de querencia.
El tiempo que circula
por las venas del mundo
y la sangre que corre
aquí, por nuestras venas
quieren lo mismo, ya:
acercarnos, juntarnos.

No hay que luchar; dejarse
arrastrar dulcemente
por las ondas suaves
—segundo tras segundo—
de una ausencia que pronto
acabará en presencia.
Voy, vienes, vienes tú,
voy yo. Verbos dulcísimos
que dentro de un momento
como el sol y la nieve
se juntarán soltando
el raudal jubiloso.
Nuestro encuentro es fatal.
Tendría que acabarse
el mundo, un cataclismo
de cielos y caminos
se necesitaría
para que no se logre,
entre torrentes de alba,
entre extremos de cántico,
la gloria de la cita.
Lo quieres tú, lo quiero
yo. Y delante de dos
voluntades magníficas
bellas como los astros,
como el mar o las bestias
divinas y animales
donde todo funciona,
los músculos y el alma,
hacia su reunión,
¿el mundo qué va a hacer
sino matar sus furias,

soltar ángel y arcángel,
y reducirse todo,
ahora, a las tres y media,
a campo del encuentro,
a puro paraíso,
donde otra vez empiece
entre tú y yo, la historia
inocente, la vida?

[¡Cuánto nos falta por fuera!]

¡Cuánto nos falta por fuera!
¡Qué tiempo tan corto, el nuestro
cuando el mundo nos lo cuenta!
¡Qué caminos tan cerrados
cuando buscamos caminos
sobre la faz de la tierra!
¡Qué futuro tembloroso,
incierto, si se le mira
con la mirada aritmética
que cree que el porvenir
es un año, más un año,
y así todos,
hijos de la misma pena!
¡Qué tristes nos sentiremos
si miramos a los otros
y queremos ser así
lo mismo que ellos: hacemos
traición a nuestra pareja!
¡Si desertamos los seres
inconfundibles que somos

por querer ser como son
las sombras que nos rodean!
Nos hemos ido probando
las vestiduras ajenas:
no sirven para nosotros,
todas nos están estrechas.
No, las medidas del mundo
son para ti y para mí,
las medidas de la pena.
No intentemos vivir más
dentro de ellas.
Un mar no cabe en un lago,
una mirada no cabe
en los ojos que la engendran,
y un alba nunca ha cabido
en una lámpara. Como
las arañas, las bombillas
llorando están, porque sueñan
con ser esa luz total
llamada el día: la luz.
No. ¿Por qué querer vivir
en las medidas estrechas
que tanto daño nos hacen
al ponérnoslas
sobre los cuerpos del sueño?
Vamos, ven conmigo, vamos.
Vamos a buscar las nuestras.
No te busques ni me busques
en eso que se nos niega,
del mundo de los demás.
Un mundo maravilloso
se nos está dando, mientras,

al otro lado.
Escápate de ese afuera
que nos hechizó un instante,
y verás, al dar la vuelta
cuanto tenemos por dentro.
¿No ves nuestra vida allí?
Hagámonos nuestro tiempo
nosotros mismos. Las horas,
los días irán latiendo
al compás de ese reló,
primero y solo, el eterno
reló, que cuenta la vida
desde la caja del pecho.
Inventemos nuestro espacio.
(¡Qué ahogado el espacio ajeno!)
Su cielo siempre lo encuentran
los que se buscan su cielo,
sin brújulas razonables,
oscuramente, hacia dentro.

La vida nos dice: «No.
No podéis». Pero nosotros
decimos: «Sí, sí podemos».
Si en la vida, en la de todos
no hay para nosotros hueco,
dos seres pueden hallar
otra vida en esta vida,
si quieren seguir viviendo.
Y cuando ella, desde afuera,
nos manda
separarnos, por sus leyes,
otra ley paciente y honda,

–voluntad de no morir–
nos dice
que aunque apartados en ella,
aquí dentro, en nuestra vida
por nosotros alumbrada,
que ya se siente nacer,
nunca nos separaremos.

[No, no mires a las hojas]

No, no mires a las hojas
del estremecido chopo,
por si tu alma es una de ellas,
verde, tiembla. No está allí.

No te mires en los ojos
de los que pasan y hablan
un momento y dicen: Tú
eres *así*. Espejos fáciles

y creen
que porque tú los miraste
te saben el alma ya.
Las cosas tristes se aprenden
en esos espejos fáciles
fingidores de verdad.
No, tu alma no es así.

Ni te la busques sumando
día a día noche a noche,

porque un alma nunca está
en jaulas de la costumbre.

Quiere más.
Aunque tú andas por allí,
por tus actos, animándolos,
tú eres más.

[La tierra tarda, tarda]

La tierra tarda, tarda,
en hacer su alegría
sus árboles, su flor.
Hay que echar en el tiempo
en el azar, sembrada
una esperanza mínima,
seca, que nos quedaba
de la vid de antes.
Y esperar que la fría
lentitud combinada
de la tierra y del sol,
en rodar de estaciones
nos devuelvan un día
mayor, sí, renovada,
la espiga o la granada,
las delicias terrestres.
Pero las almas tienen
un don de primavera,
poder de dioses. Pueden
hacer brotar de pronto
en páramos, en penas

las alegrías súbitas
las sorpresas más altas
las llamas surtidoras,
cuando siembran
una querencia ardiendo
allí donde otro anhelo
ardiente le esperaba
y el mundo va deprisa
y el gran goce madura
sin víspera instantáneo,
contra la ley terrena,
por el fuego del alma.
Y nos brota la flor
suprema, la sorpresa
en el día, en el aire
que menos lo esperaba.

[También las voces se citan]

También las voces se citan.
¿Y dónde van a citarse
si no es en el aire inmenso
que es su mundo? Pero el aire
no tiene caminos, nombres,
ni números ni señales.
La voz no puede decir
a su amada, la otra voz:
«Allí, junto al chopo aquel».
(¡Qué yermo el aire, sin árboles!)
La voz no puede decir:
«En la playa». Nunca hay olas

en los páramos del aire:
sólo esos ecos de espuma,
si altas vuelan, alas blancas.
La voz no puede decir:
«En la esquina de esa casa
pintada de azul». (¡Qué tristes
los despoblados del aire,
donde se afanan los pájaros
por inventarse ciudades!)
Y salen las voces, salen,
allí, en lo oscuro calladas,
allí, por el cielo inmenso,
sin saber dónde encontrarse,
a ciegas, desesperadas,
siempre en busca del milagro
de hallar en el aire inmenso
a la voz de la pareja, siempre
esperando y esperada.
Y andan arriba y abajo,
dan vueltas, se ciernen, paran.
No se las oye: las voces
del amor no suenan nunca,
una sola y otra sola:
brotan las dos al juntarse;
o no nacen, se malogran.
Por eso la noche está
llena de voces ansiosas
que se quieren. Y el silencio,
para el que vive en amor,
no es más que un buscarse trémulo,
de dos voces voladoras.

[Ahora te veo más clara]

Ahora te veo más clara.
No, no es por el mediodía,
por favor de la mañana.
Es que lloraste y lloré,
porque ya no nos veíamos.
Y nos vimos por las lágrimas.
Las lágrimas fueron luz.
Al pasar por sus cristales,
puras lentes del dolor,
tu imagen se quedó limpia,
ya para siempre, en mi alma.

Ahora te tengo más alta.
Te he hecho sufrir sin querer,
por quererte. Cada angustia
que de mi amor te ha nacido
en vez de hundirte en la pena
a otro escalón te empinaba
de tu propia gloria en mí.
Cada dolor por mi culpa
te volvía más sagrada.
Ahora no estás a mi lado:
miro hacia arriba y te veo.
Pero tú hacia mí te inclinas,
y hasta mi suelo me tiendes,
escala de tu cariño,
desde arriba, tu mirada.
Ahora estás lejos. Mi afán
de tenerte siempre cerca
te dio a ti afán de distancia.

Yo, ciego, siempre creyendo
que los abrazos enlazan,
te abrazaba y abrazaba.
Ahora ya sé que los árboles
tienen sus pájaros fieles
porque las ramas no atan:
ofrecen. Y que las nubes
nunca desertan los cielos
porque los cielos las dejan
que ellas escojan su rumbo
y que vengan o se vayan
como quieran, siempre abiertos
para que se busquen ellas
su camino. Amor, o cielo,
no son un camino, son
una oferta de infinitos
caminos, a nubes, almas.

¿Estarás ahora más cerca?
¿Tú, libre, suelta, lejana,
estarás ahora viniendo
hacia mí, porque me callo,
porque mi voz silenciosa,
ardiendo toda de espera,
parece que no te llama?

[¿Te acuerdas del laberinto?]

¿Te acuerdas del laberinto?
Circunstancias, condiciones,
murallas de verde mirto,
a la izquierda, a la derecha,

tristemente regulares,
encauzaban nuestra ansia
con sus rectas inflexibles,
nos quitaban lo infinito.
¡Qué ir y qué venir tan torpes!
Las sendas del laberinto
nos parecían caminos
y todo era andar, doblar
esquinas sin horizonte
para encontrarnos, llorando,
otra senda como aquella
de que habíamos salido.
Yo buscaba, tú buscabas.
Yo corría por delante,
te decía: «¡Por aquí!»,
creyendo que había hallado
en mi corazón el hilo.
Y tú me mirabas triste,
te soltabas de mi mano
y tu sueño de salir
nos separaba, aunque estábamos
tan cerca, allí, tan unidos.
¿Unidos? Nunca estarás
unida, junta, conmigo,
en un laberinto: sólo
puedes estar junto a mí,
cuando sientes muy abiertos,
para irte, para quedarte,
los rumbos y los caminos.
¡Cómo me dolió la vida
cuando te vi en la mirada
que ya te estaba pesando

en andar así conmigo:
que ya no eras mía, no!
Que a mi lado te tenía
no tu alegría gozosa,
no, ni tu alegre albedrío,
sino un penoso buscarle
salidas al laberinto.

Pero de pronto cantó
libre pájaro invisible,
por allá arriba. ¡Qué grito
di al ver lo que nos decía!
No andando, no, no con pies
se le encuentra su misterio
al amor o al laberinto.
Se le encuentra con el vuelo,
hacia arriba, con las alas.
Y ahora estamos escapados
de los sinos rectilíneos.
Libres, sueltos. Tú te vas,
volando, alegre. Te miro
te pierdo de vista. Espero.
¿Volverás, no volverás?
¿Estamos lejos o cerca?
¿No podemos estar juntos
como están juntos dos pájaros,
en el azul voluntario,
mejor que en el laberinto?
Lo que yo te ofrezco ahora
no son caminos trazados
entre murallas de mirtos:
es un ámbito sin límites,

un cielo de amanecer
por donde tus vuelos tracen
libres, sueltos, jubilosos
tu destino. Mi destino.

[Canción de la vida total]

Mi vida oscura,
mi vida honda,
calor profundo,
sin luz ni aire
la vivo en ti.
Por ti me siento
tierra en la tierra,
su inevitable
hijo, materia
antigua. Ella
por ti me nutre,
por ti recibo
la sangre lenta
la triste sangre
que viene del centro del mundo,
que nunca se asoma a la luz.
Por ti padezco
esa conciencia,
tan dolorosa
que es el espacio
donde se está:
no los demás,
los que querríamos.

Porque tú eres,
tú, mi raíz,
tú, mis raíces.
De ti me llega
la porción honda,
de abajo, eterna
de mi existir.
Por ti soy uno,
uno fatal.
Fatalidad
de la raíz.

Mi vida clara,
mi vida alegre,
la vivo en ti.
Por ti los pájaros
juegan en mí.

Por ti las nubes
altas del cielo,
–gotas de lluvia–
en mí se paran,
me besan lentas
antes de ir
hacia su tumba.
Por ti los vientos
inventan cánticos,
suspiros, síes,
aquí en mi vida.
Tú eres mis hojas
tú eres lo verde
que en mí existía.

La primavera
se me conoce
sólo por ti.
Tú eres mi hoja.
Por ti soy ciento,
mil, más, las hojas.
Por ti me siento
plural vivir.
Por ti me arranco,
me voy volando,
–aires me llevan–
del sitio triste
donde nací.

Mi vida extrema,
mi vida máxima,
la vivo en ti.
Por ti se logra
en mí lo puro.
La forma bella
tú me la inventas.
Por ti ya dejo
de ser tan sólo
el ser pasivo,
el que recibe
dones del mundo:
por ti yo mismo
me vuelvo don.
Por ti mi vida
crea otras vidas.
Por ti me encuentro
ya con mi fin:

mi perfección.
Tú eres mi flor.

Por eso vivo
entero todo,
dentro de ti,
de arriba a abajo,
de abajo a arriba:
flor, florecido;
trémulo, hoja,
hondo, raíz.

[Deja ya, deja ya por un momento]

Deja ya, deja ya por un momento
de querer explicarnos demasiado
trabajando con ese lápiz de carmín, sobre tus labios,
las dos verdades paralelas
que tu boca callada nos ofrece
más delicadas, aun, más sutiles.
Antes de acentuarlas con lo rojo.
Y sacándote el bello rostro náufrago,
todo empapado por tu propio sueño
y otras menores cremas de belleza,
de los últimos fondos del espejo,
en donde le buscabas sus tesoros,
escúchame. Te hablo
con absoluta claridad
de algunos de los modos de contacto
entre una y otra humana criatura. Mira.

Quítate delicadamente tu ropa,
pétalo a pétalo, sin temor alguno al frío del amor,
aquí en el centro mismo de este siglo,
y ofréceme tu pecho. Yo llamaré con los nudillos
tan suavemente, primero
como llaman los copos de la nieve
en esas puertas de agua que hay en la tierra,
lagos, ríos, lágrimas.
Y más fuerte, mucho después,
con el oído en una ansiosa escucha
los dos, por ver si nos contestas,
desde el fondo del pecho donde tienes
tanta respuesta que tú misma ignoras,
y esperas, como yo o como el estío.
¿Cómo vas a saber lo que tú llevas
para mí destinado, allí en tu adentro,
si ni siquiera el poderoso pecho
del mundo, el porvenir
sabe la cifra justa
de desengaños que nos guarda?
Y así, con huesos míos, con mis dedos,
sobre el pecho que cela mi futuro,
en busca del misterio de nosotros
en el primer contacto.

Dame siempre la mano
cuando nos encontremos en un tren,
aunque los dos llevemos puestos guantes
de pieles diferentes.
(Sí, diferentes:
porque los animales que se han muerto
siempre irán, los más fieles y tiernísimos,

a proteger las manos de las mujeres
contra el aire que quiere descifrarlas
y saber sus destinos. Y los hombres
llevamos guantes ásperos.)
Si me la aprietas mucho
en seguida se sabe dónde vas tú y dónde voy yo.
Y muchas veces hasta se sabe si podremos
hacer gran parte del camino juntos,
aunque uno a cada lado de la vida,
como las dos alas del pájaro,
una a cada lado del pájaro,
sin otra unión posible que volar.
Y hasta quizá se llegue a descubrir
por ese tacto de enguantadas manos
el nombre del lugar
en donde nos esperan, todavía dormidos,
esos dos cuerpos que nadie conoce
y que encargamos por telégrafo
para esa vacación, la eternidad
que siempre dan al que trabaja mucho,
cuatro veces al año.
Mas si me das la mano flojamente
si te la siento apenas,
al vernos cara a cara en el pasillo
de los trenes que corren hacia el sur
no es que no nos encontramos, no:
es que nos despedíamos,
ilusionados con que encuentro era.
En un error bastante parecido
al del mar a las siete de la tarde
cuando al tocar las nubes irisadas
se cree que se ha encontrado con el día.

Otro contacto fue una noche cuando
vuelta de espaldas y dormida
me buscaste entre sábanas comunes
sin darte cuenta o como
si quisieras bailar.
Porque tú me buscabas con tus pies, con las puntas
de sus dedos,
igual que con dos bandadas de pájaros
que dan vueltas por esos cielos pálidos
a que recuerda inevitablemente un ancha cama.
Y al encontrarte al fin el cuerpo mío,
en vez de comprender que era tu triunfo,
y el camino
que se te abría como el día uno
abre a veces los meses,
despertaste confusa
pidiéndome perdón. Aún no he sabido
si me hablas a mí, o era a mis sueños
por donde siempre bailas de puntillas.

El otro tacto fue más cierto. Tu cabeza
cansada de ese peso incalculable del cabello
que intentamos contar uno por uno
aquella tarde gris,
por ver si así se resolvía la gran duda
de si el amor es infinito o no,
se me apoyó en el hombro, igual que una hora más.
Tan satisfecha ya
de su exacto encajar, que al fin supimos
lo que quiere decir
la juntura del brazo con el torso y su suave
doblarse protector: es la primera

tentativa y la última, de hogar.
Mujer y hombre se salvarán del desamparo
siempre que la articulación feliz del hombro
funcione suavemente
cuando una cabeza se dobla.
Yo te suplico que en futuras tardes
de invierno alfombrados por olvidos,
cuando tú en tu salón, tengas en una mano
como vagos pretextos para vivir
algunos poemas chinos ricamente encuadernados,
y en la otra el cigarrillo que nos sirve
como de un simulacro
del suicidio tantas veces al día,
concedas en tu erguida
cabeza sola un minuto de audiencia,
a la memoria de esa nuestra primer morada.
Un minuto que dure
hasta que llegue la hora de vestirte
para ir a las funciones de la noche.

Y he de hablarte por fin de ese contacto misterioso,
casi perdido en el mundo abundante:
unos labios sobre otros labios.
Los de una mujer en los del hombre.
Y si por fin se cumplen los avisos
que escritos en la espalda de la nieve
nos descifran ingenuas,
las antiguas cajas de música,
tus labios en mis labios algún día.
¡Peregrino contacto, el más difícil!
De siglo en siglo llena
de asombro al mundo, con el convenido

hombre de eclipse, si es que lo realizan
dos astros, sin pudor.
Él, mucho más oculto e invisible
que las plantas que buscan por las selvas
los hombres que se guían por un nombre en latín,
o que las entidades más finales
de la luz y del hierro que persiguen
con luz artificial seres vestidos
de blanco en los desiertos que hay en los microscopios.
¡Él, él, él, inconfundible
beso, beso, beso, el beso,
el beso, sí, el beso, él!
Y por eso se llenan los cines: por si está.
Y por eso se cierran
las puertas y las tardes
cuando entran en un cuarto
una mujer y un hombre: por si está.
Y por eso los hondos de los mares
están poblados de felices muertos:
por si está.
Y por eso se mira
a todos los ojos del mundo,
a todas las albas del mundo,
y a sus noches,
a todos los seres del mundo,
y al mundo mismo, sólo. Por sí está.
Pero tú y yo sabemos
que no está él sino los simulacros,
conmovedores como las postales de color,
con que las gentes simples
lo buscan tristemente
besándose y besándose,

escribiendo su nombre, muy deprisa,
al final de las cartas. Laboriosa
insistencia de siglos mucho más
triste que la jornada de ocho horas,
o que su reverso; la rosa.
Ha habido siempre sauces y domingos,
lluvia y perfectas reuniones de familia,
porque el mundo tenía
que llorar de algún modo
la frecuente tragedia
de que un cero y un cero no son nada;
así, uno encima de otro, y sólo aciertan
cuando dan con la exacta lejanía cercana,
que los eleva al parecido
de los senos de la mujer.
Te revelo mi secreto
de que un beso se está siempre escapando
de ese lazo inocente que le tienden
desde los quince años
ceros juntos con ceros y que hablan
diciendo amor, amor, amor, amor.
Por eso como yo te quiero bien
te aconsejé una tarde
en que la sombra de un cabello suelto
sobre tu pecho me hizo ya ver claro,
aquella tentativa de contacto,
tan superior al beso, y que consiste
en juntarte los labios con los míos
y no apartarlos ya. De las censuras
que la gente y la mole de los siglos,
porque creen que hacemos lo que ellos,
lloraremos si quieres otra tarde,

en el cuarto que tengo reservado
para ti y para mí, en la estrella quinta,
esquina del lucero veintidós.
Ahora, vuelve al espejo.
Hoy, nada más.

[Mira, vamos a salir]

Mira, vamos a salir
de tanto ser tú y ser yo.
Deja tu cuerpo dormido,
deja mi cuerpo a tu lado,
déjalos.
Deja tu nombre y el mío,
deja lo que nos dolió
y vamos a descansar
de nosotros, con nosotros;
vamos a jugar a que éramos
los mismos, pero otros dos.
Ya sin el cuerpo ni el nombre
vamos a probarnos formas,
seres, a ver si vivimos
en otra cosa mejor.
Vamos a probarnos árboles;
dos árboles que aunque tengan
muy apartados los troncos,
se buscarán por arriba,
se encontrarán con sus hojas,
se tocarán con la flor.
Vamos a probarnos olas
que corren una tras otra,

separadas y jugando,
hasta que en la arena tibia
se les acaba el ser dos.
Y si aún te sobra materia
vamos más allá. Podemos
ser dos silencios, tan juntos
que nadie sienta que ese
silencio de alrededor,
es doble, porque dos voces
callándose, lo forjaron
para entenderse mejor.
Y si quieres más probemos
a ser luz,
tú una llama, yo otra llama,
tú una mitad, yo la otra
de esa luz, que para serlo
a los dos nos necesita
y nos contiene a los dos.
Y todavía podemos
huir más allá:
fingirnos que no existimos,
vivir
en un mundo prenatal
en donde estar juntos sea
un inmenso estar perdidos
uno en otro, indivisibles,
como en el mar y en el cielo, antes
que los separara Dios.

Y luego verás qué alegre
es el regreso a nosotros,
el encontrarme contigo,

conmigo, con el dolor,
con tu voz y con mi nombre.
Verás, verás, qué milagro
es mirarnos, es tocarnos,
verás qué revelación
es vernos, volver a vernos
en estos rostros fatales
donde el alma nos vivió.
Por jugar a que dejábamos
de amarnos, ¡qué verdadero
nos va a ser siempre el amor!
¡Qué pareja
nos va a nacer, tan alegre,
tan segura, de este adiós!

[Cuando el día se acaba]

Cuando el día se acaba
aún no empieza la noche.
Cuando tu voz se calla
aún no empieza el silencio.
Hay un lento crepúsculo
de la luz de tu voz
por los cielos del alma.
El son de las palabras
se extinguió pero ellas
flotan, nubes rosadas
áureas. Tornasoles
y nácares de voz
aseguran que existes
detrás del horizonte,

que hablarás.
Cuando vuelva a sonar
tu voz será de alba.
Si decías «delicia»
al dejar de decirlo
los sones, sí se apagan,
mas ya, como una estrella
de siete puntas, letras,
en el silencio oscuro
«delicia» se alumbraba.
La corporal materia
se volvía a su nada
pero las claras almas
de lo que tú quisiste
decir, allí en el cielo
del callar se salvaban.
Vueltas constelaciones
de pensamientos puros
me poblaban la noche.
Y el silencio absoluto,
ni la noche vacía,
no existen ya. Son sólo
el estrellado espacio
que el gran orden del mundo,
del amor, necesitan
para ir desde tu voz
–crepúsculo– de hoy,
a tu otra voz –aurora–
delicia, de mañana.

[Cara a cara te miro]

Cara a cara te miro,
destino. Ya te entiendo.
Ya no eres tú, ya eres,
igual que yo, yo mismo.
¡Qué de años anduvimos
tú por tu lado, yo
aparte, tan perdidos!
Como el aire y la lona
antes de desposarse,
ajenos, parecíamos
dos quereres distintos.
Pero en un día azul,
cuando el mar se alboroza
en delicias innúmeras
de espumas o de conchas,
se comprende por fin
que el viento es el destino
único de la vela,
que la vela no tiene
otra suerte que el viento.
Ya no habrá tierras lejos:
las alcanzan las quillas
por gracia de las bodas
con que ahora las coronan
las rachas y la tela.
Vivir es una larga
promesa de promesas.
Cada una que se cumple
hace como la flor:
entregar la semilla

de otra promesa al suelo.
Los latidos de siempre,
suenan como gozosas
sorpresas en el pecho.
Estaban, sí, allí todos
cual pájaros dormidos
en la noche sin luz,
y ahora, al albor, despiertos.
Alentar, ver, oír,
sentir la carne amada,
mirar lo que nos mira,
y besar a su beso,
todo
sabe a descubrimiento.
El mundo se entreabre:
se ve que era un capullo.
Resurrección del hombre,
resucitar sin muerte,
sin tumba, aquí en el cuerpo
que al nacer nos tocó;
tan milagrosa como
el despertar diario.
Y es porque ya te he visto
que eres, destino, amigo.
No, no estoy en el mundo
en su pena, en su gloria,
en este amor, arriba,
porque una fuerza extraña,
destino, lo dispuso
venciéndome, cual vencen
los cauces a sus aguas.
Estoy porque yo quiero,

porque sí, porque sí,
porque mi sí lo quiso.
Ahora el agua y el cauce
el querer y el destino,
se han visto: no luchaban
con dispares anhelos
no, que los dos querían
sin saberlo lo mismo.
Que los dos trabajaban
paralelos e iguales
como las nubes altas
y el calor de la tierra,
por una misma flor:
por fin, sí, la unidad
en el amor más alto,
del querer y la suerte,
por fin, sí, la concordia
de los sueños y el sino.

[«Fue» es duro como piedra]

«Fue» es duro como piedra.
Pero a veces las almas
cuando no tienen más
descansan en un «fue»,
lo mismo que en la almohada
y se duermen pensando
en que un tiempo fue plumas.

Otras veces las almas
esperan, esperanzas

que se llaman «va a ser»,
o «sí, será», o «ya viene».
La infinita, la inmensa,
con su gloria y su peso,
vida, toda redonda,
toda la vida, puede
vivirse en un «quizá».
Igual que a las esferas
les basta sólo un punto
de contacto en la tierra
para apoyar su mundo.

Pero hay almas que nunca
descansan ya ni esperan,
sentadas a la orilla
de la delgada voz
con que la ya imposible
dicha les dice siempre:
«Pude ser, pude ser».

[¡Cuánto sabe la flor! Sabe ser blanca]

¡Cuánto sabe la flor! Sabe ser blanca
cuando es jazmín, morada cuando es lirio.
Sabe abrir el capullo
sin reservar dulzuras para ella,
a la mirada o a la abeja.
Permite sonriendo
que con su alma se haga miel.
¡Cuánto sabe la flor! Sabe dejarse
coger por ti, para que tú la lleves,

ascendida, en tu pecho alguna noche.
Sabe fingir, cuando al siguiente día
la separas de ti, que no es la pena
por tu abandono lo que la marchita.
¡Cuánto sabe la flor! Sabe el silencio;
y teniendo unos labios tan hermosos
sabe callar el «¡ay!» y el «no», e ignora
la negativa y el sollozo.
¡Cuánto sabe la flor! Sabe entregarse,
dar, dar todo lo suyo al que la quiere,
sin pedir más que eso: que la quiera.
Sabe, sencillamente sabe, amor.

[Se puede vivir en nidos]

Se puede vivir en nidos,
como las aves querrían.

Se puede vivir en pechos
como quieren
acabar las violetas
y los amores impares.

Se puede vivir en llamas,
cuando se quema un papel
y ya no quedan palabras
sino luz resplandeciente.

Se puede vivir, también,
a veces viven las vidas,

bajo los techos, en casas,
o en veletas, como el aire.

Pero nosotros vivimos
un día dicha sin nidos,
sin techos y sin veletas.
Viviéndola
en un color verde, en un
color verde sobre ruedas.

[Si te espero siempre]

Si te espero siempre.
¿Por qué eres sorpresa?
Si estoy como el árbol,
esperando al pájaro,
–mensajero alto–
con todas las ramas
del ardor tendidas.
¿Por qué, como el árbol,
tiemblo cuando llegas?
¿Y por qué me pasma
la insólita vuelta
de lo repetido,
del invierno claro
detrás del otoño,
del estío inédito
tras la primavera?
La vuelta... ¿fatal?
¿Sin querer nosotros?
No, no. La queremos:

tras de su antifaz
de don a la fuerza,
se le ve su rostro,
libertad suprema.
Si te estoy pidiendo,
igual que se piden
la luz y el reflejo
¿por qué, si me miras
me asombro
de ver que mi alma
devuelve a tus ojos
tu misma belleza?
Te conozco, sí,
como se conocen
el fuego y los números.
Pero al verte siempre
parece que dejas de ser
por primera vez
la desconocida.
Mi ser está lleno
de infinitas sendas
que han hecho tus pasos
de andar en mí tanto.
Tengo
la vida sembrada
de huellas, las huellas
sólo de tus plantas.
Entonces, ¿por qué
cuando tú me andas
a besos, a sueños,
por esos senderos,
por qué me parece

que el alma se estrena?
Todo me lo das;
y todo te queda.
Siento los tesoros
que tú has puesto en mí
igual que se siente
la edad de la vida
dentro de las venas:
siento mi riqueza.
Entonces
¿por qué al darme algo
no parece más,
y tiemblo de gozo
como tiembla el alma
al ver que la suerte
se inclina, se inclina,
y le da la dulce
dádiva primera?

[¿Por qué querer deshacer]

¿Por qué querer deshacer
un nudo que Dios ha hecho?
Sí, yo sé que los dos hilos
andaban flotantes, sueltos:
pero un día sopló un viento
que venía de lo alto,
que los empujó uno a otro.
Y al tocarse se enlazaron,
se estrecharon, sin remedio.

¡Qué nudo ya entre dos vidas!
¡Qué punto en que dos destinos
al apretarse, cruzados
con el calor de dos cuerpos,
crean un destino nuevo:
las almas indisolubles!
Y un día
nos encontramos los dos
llorando ante el nudo estrecho.
¿Cortarlo? Tú lo quisiste.
Tentaciones de cuchillo
te brillaron por momentos.
Pero si el nudo cortabas
te cortarías tu hilo,
y el mío, a mí, porque en él
estamos los dos unidos.
Cortar un nudo es cortarse
los dos hilos que lo hicieron.
¿Desenredarlo? Las manos
lloraron de pena larga,
porque el alma no quería
y lo intentaban los dedos.
¡No lo toques! ¡Déjalo!
Resístete, si tú quieres,
a que el viento antiguo siga
acercándonos, haciendo
nuestro nudo más estrecho.
Vuelve a ser el hilo tuyo,
libre, suelto. Nuestros hilos
volverán a separarse
como si fueran distintos.
Pero allá atrás quedará

—¡no la mates!— la memoria
viva de haber sido más
que dos pobres vidas sueltas.
Y el recuerdo de ese nudo
en que los dos fuimos uno,
porque queríamos serlo,
ha de durar, sin atarnos,
no ya como nudo, no,
sino como lazo eterno:
voluntad de no soltarse
de algo que nunca se suelta,
amor, lazo, en nuestros pechos.

[¿Dónde está mi vida, di?]

¿Dónde está mi vida, di?
¿Tú sabes por dónde anda?
¿Está alternando con pájaros
por las salas de los aires?
¿Está flotando en el agua?
¿Está enterrada en la tierra,
esperando que le salgan
las flores que se promete?
Ni [en] agua en aire o en tierra,
está mi vida. La tienes
tú, toda entera entregada.
Yo no la llevo en mi cuerpo.
Tú la tienes. Ella es
lo que tú estés ahora haciendo
con ella dentro de ti.

¿Está alegre o está triste?
Yo no me atrevo a tener
alegrías o tristezas,
sin preguntarle a tu alma
por el color de mi vida.
Por eso tampoco tengo
mi muerte aquí en este pecho.
Tú, que posees las magias
que le dan vida a mi vida,
tienes las flechas, también,
con que mi vida se mata.
Flechas de tu voluntad,
aceros de tu mirada
que si un día lo decides
vendrán a mí disparadas,
a matar a un ser ya muerto
muerto ya cuando le toque
en la carne la saeta.
Porque yo me moriré
antes de sentir la muerte
aquí, donde está mi cuerpo,
desde el momento en que tú
me hayas matado en tu alma.

[¿Es de acero, de mármol, di]

¿Es de acero, de mármol, di
su fuerza?
¿De qué está hecha?
¿En los abismos de la tierra

por bodas de la tierra y de los siglos
su dureza, si es mármol?
¿Por los pactos del fuego con el agua,
halló su temple, si es de acero?
No sé; pero conozco
su poder contra todo, aquí en mi pecho.
Pueden venir las nubes, rodearla;
mas su blancura al fondo, perdurable.
Pueden venir las garras y los picos
de las eternas aves predatorias
de este mundo: las penas,
a desgarrarla: intacta,
resistirá su gracia.
Pueden venir los días y las noches
y engendrando sus hijos más feroces
los años, las flaquezas,
querer quebrar su filo limpio.
Mas su temple
resistirá los tiempos
entre un gran cementerio de relojes.
Y las innumerables
fuerzas del mundo este,
las lágrimas, los rostros desolados,
que llaman desde atrás, junto al naufragio,
nada podrán contra su fuerza pura,
y su inocencia, que querer se llama.
Pero si tú, tan sólo tú, la tocas
con un soplo, tan sólo con el soplo
sin garras, sin poder,
con que se dice: «Adiós, no más, adiós»,
ella, la vencedora
de apocalipsis, años y distancias

se rendirá sin ruido, ya deshecha,
nada, como tiernísima
burbuja sin materia. En ti reside
la más que fuerza, fuerza que la mate.

Es mi felicidad. ¿No la conoces?

[No, yo no creo en ti, como se cree]

No, yo no creo en ti, como se cree
en el tic tac del corazón que oigo,
muy lejano al quedarme solo
en este hueso de la frente que mi mano,
toca como buscando
un límite a un dolor
ni como en la segura
luz del día siguiente al acostarme.

Yo creo en ti de otra manera.

Creo en ti como
como en aquella coincidencia,
que una tarde de agosto vio en su seno,
de fiestas de la tierra,
de los cielos del mar. Cuando las nubes,
de alegres y ligeras, espumantes,
se sentían en sí un ala de ola,
y se rompían en el horizonte.
Cuando las nubes.

Creo en ti como creo en esa tarde
que fue que ya no es, pero que Dios

puede fijar de nuevo cuando quiera
con el cielo y la tierra y el mar mismo.
Creo en ti como en un
sueño que tuve y que se me ha olvidado.
Un sueño que fue un sueño de los sueños,
y del que nada sé más que su gloria,
incomparable a todo.
Como yo [soy el] mismo y cada noche,
duermo y tengo mis sueños,
quizá un día
vuelva a soñar lo que he soñado.

Creo en ti como en el agua:
que estaba aquí y no está
que ayer pasaba
junto a mí y ha corrido,
y anda yo no sé dónde:
pero como ando yo también acaso
un día me la encuentre en algún lado.

Creo en ti con la fe
en el milagro, en el acaso, en el retorno
de toda la hermosura que ya ha sido
y que por eso puede ser de nuevo.
Creo en ti como en eso que se escapa,
pero que no se muere y vuelve un día.
Creo en ti con la fe
en lo inseguro, en el prodigio,
como se cree en lo que no se ve,
pero se mira con los ojos siempre
vueltos adentro, hasta que ellos lo traigan.

[Una nube color de rosa]

Una nube color de rosa,
una noche de primavera,
en el cielo de Nueva York.

No tiene nada, nada, nada:
no quiere nada: invulnerable,
ignorante de la pasión
que abajo bulle, hecha de amor,
y de oropel y de traición
a todo lo que fue paraíso,
dos ojos y cien rascacielos
la miran con adoración.
Porque ella, recién hecha, deshecha
y vuelta a hacer y deshacerse,
jugando a ser su sí y su no,
de Harlem a la Cuarenta y Dos
es la ciudad. La verdadera
ciudad para mí y para ella
es la ciudad para los dos,
con todas las puertas abiertas,
las puertas que abajo se cierran
por un inexplicable error
que me ha hecho llorar muchos días.
La ciudad nube, nada, sueño,
donde está nuestra salvación.

[Anochecido otoño]

Anochecido otoño,
¿son azar esas gotas,
lentas resbaladoras
por el cristal abajo,
mientras solloza el hierro?
¿Son agua sin destino,
vacías de misión,
huérfanas de unos párpados,
de un alma, de un dolor?
¿Son nada, son la lluvia
en una ventanilla,
mientras que corre el tren
deseándole al alma
todo lo que quería?
No, no son gotas vanas.
Un ansia de llorar,
unos ojos ardiendo
desde un alma transida,
las miran deslizarse.
Y se paran las lágrimas
que en su borde temblaban:
no salen, no hacen falta,
ya tienen otra forma.
Porque allí en el cristal,
con lágrimas de lluvia,
de Dios, de cielo, está
sin que lo vea nadie
llorando un alma humana.

[No rechaces los sueños por ser sueños]

No rechaces los sueños por ser sueños.
Todos los sueños pueden
ser realidad, si el sueño no se acaba.
La realidad es un sueño. Si soñamos
que la piedra es la piedra, eso es la piedra.
Lo que corre en los ríos no es un agua,
es un soñar, el agua, cristalino.
La realidad disfraza
su propio sueño, y dice:
«Yo soy el sol, los cielos, el amor».
Pero nunca se va, nunca se pasa,
si fingimos creer que es más que un sueño.
Y vivimos soñándola. Soñar
es el modo que el alma
tiene para que nunca se le escape
lo que se escaparía si dejamos
de soñar que es verdad lo que no existe.
Sólo muere
un amor que ha dejado de soñarse
hecho materia y que se busca en tierra.

Índice de primeros versos

Ahora te veo más clara	127
Anochecido otoño	160
Cara a cara te miro	145
Como ya no me quieres desde ayer	86
Cuando el día se acaba	143
¡Cuántas veces te has vuelto!	96
¡Cuánto nos falta por fuera!	120
¡Cuánto sabe la flor! Sabe ser blanca	148
De entre todas las cosas verticales	68
Deja ya, deja ya por un momento	134
¿Dónde está mi vida, di?	154
El aire ya es apenas respirable	99
Error sensible fue	77
¿Es de acero, de mármol, di	155
Estoy triste esta noche	46
«Fue» es duro como piedra	147
Hay que tener cuidado	63
Hoy son las manos la memoria	44
La rosa, la rosa pura	53
La tierra tarda, tarda	124
¿La ves? ¿Ves esa hora	116
Las hojas tuyas, di, árbol	104

Mira, vamos a salir	141
Mi vida oscura	131
Muchas veces me has dicho: «No me sueltes»	107
No importa que no te tenga	36
No, no mires a las hojas	123
No rechaces los sueños por ser sueños	161
No, yo no creo en ti, como se cree	157
Nunca agradeceremos	27
Nunca se entiende un sueño	55
Paz, sí, de pronto, paz	113
Perdóname si tardo algunos años	90
¿Por qué querer deshacer	152
¡Qué contenta estará el agua	112
¿Qué habría sido de nosotros, di	38
¡Qué olvidadas están ya las sortijas	70
Se puede vivir en nidos	149
Si te espero siempre	150
También las voces se citan	125
¿Te acuerdas del laberinto?	128
Tormenta aquí. Pero ¿y allí, donde tú estás?	115
Tú, que tuviste brazos	74
Tú ya sabes que yo	80
Una noche te vi tan inclinada	59
Una nube color de rosa	159
Yo estaba descansando	33

Índice

Prólogo, de Soledad Salinas de Marichal 7

LARGO LAMENTO

Pareja, espectro 27
La falsa compañera 33
Eterna presencia 36
Los puentes 38
La memoria en las manos 44
Volverse sombra 46
La rosa pura 53
Muerte del sueño 55
Dueña de ti misma 59
Amor, mundo en peligro 63
[De entre todas las cosas verticales] 68
[¡Qué olvidadas están ya las sortijas] 70
[De marfil o de cuerpo] 74
[Error sensible fue] 77
[Ruptura de las cosas] 80
[Como ya no me quieres desde ayer] 86
[Perdóname si tardo algunos años] 90
[¡Cuántas veces te has vuelto!] 96

[El aire ya es apenas respirable]	99
[Las hojas tuyas, di, árbol]	104
[No me sueltes]	107
[¡Qué contenta estará el agua]	112
[Paz, sí, de pronto paz]	113
[Tormenta aquí. Pero ¿y allí, donde tú estás?]	115
[Hora de la cita]	116
[¡Cuánto nos falta por fuera!]	120
[No, no mires a las hojas]	123
[La tierra tarda, tarda]	124
[También las voces se citan]	125
[Ahora te veo más clara]	127
[¿Te acuerdas del laberinto?]	128
[Canción de la vida total]	131
[Deja ya, deja ya por un momento]	134
[Mira, vamos a salir]	141
[Cuando el día se acaba]	143
[Cara a cara te miro]	145
[«Fue» es duro como piedra]	147
[¡Cuánto sabe la flor! Sabe ser blanca]	148
[Se puede vivir en nidos]	149
[Si te espero siempre]	150
[¿Por qué querer deshacer]	152
[¿Dónde está mi vida, di?]	154
[¿Es de acero, de mármol, di]	155
[No, yo no creo en ti, como se cree]	157
[Una nube color de rosa]	159
[Anochecido otoño]	160
[No rechaces los sueños por ser sueños]	161
Índice de primeros versos	163